U0153075

找回挺過風暴，修復心靈的力量

心靈任務

Surviving Storms

Finding the Strength to Meet Adversit

Mark Nepo

著——馬克·尼波
譯——林麗雪

我一路走來遇到的，所有偉大的心靈導師中，第一位是米妮（Minnie）奶奶，她的移民之心就像鯨魚一樣，跨越了海洋與世紀，她的兒子因此能成為木工，而她的孫子得以成為詩人。

目錄

第二部　找到力量　67

舊世界雖已過去，但依然存在，
如果我們善用已經賦予我們的一切，
以不痛苦的方式抗拒痛苦，
一根蠟燭也能點燃很多蠟燭。

——本書作者馬克・尼波

要知道，每一個行為都很重要，每一句話都有力量……
最重要的是，請記住，你必須將自己的人生視為一件藝術品。[1]

——《先知神學》作者亞伯拉罕・赫舍爾

【前言】重塑人性

我們活在一個動盪的時代。風暴無處不在，形狀不同，大小各異。就像我們之前的每一個世代，就像地球上每一個靈魂的旅程一樣，我們必須學習挺過風暴的藝術，才能經受風暴的挑戰，並打造一個更美好的世界。

想在風暴中生存，心靈任務非常重要，如同一棵樹需要深深扎根與擴展枝幹，以承受意想不到的風暴，我們需要了解真實的自我（true self），才能加深我們的根基，並鞏固我們與所有精神體（Spirit）①和所有生命的連結。那麼，我們也就能經受得起意想不到的風暴。尤其在此時此刻，這一點特別重要。

每一個世代都有自己的動盪和混亂，包括個人的風暴、關係的風暴、人生的風暴。所有的傳統都提供了修練方法和資源，幫助人們變得夠堅強、夠仁慈，以應付時代的挑戰。現在，輪到我們重新發現這些修練方法和資源，以修復我們自己和我們的世界。這一切都是內在的修練。這一切都是心靈任務。

①譯者註：Spirit 大寫時譯為精神體，小寫時根據前後文譯為靈體或精神，此外，形容詞性（spiritual）時，則譯為精神或靈性。

本書的前兩章描述我們這個時代的風暴，即我們現在的處境，以及分析我們走到這步田地的原因。這兩章概述社會的斷層線，包括：人際關係的喪失、科技帶來的疏離、現實的消融、公共利益的消失、自戀而不包容，以及暴力成癮。第三章探討風暴的本質和成因。第四章揭示仁慈的目的。

本書的其餘章節探討我們可以重新熟練的長期修練方式和資源，以恢復我們的基本人性並超越我們感知到的差異。這項任務無異於再一次重塑人性。

心靈的更新和連結過程是我們所擁有的最古老、最可靠的資源。跟隨著如同老師般的心靈前行，一路上雖然有共同的旅程，但我們將被帶進一場每個人都必須為自己描繪心靈地圖的內在探索。一旦瓦礫得以清除，就像前人一樣，我們不可避免地被召喚去重建世界，並承認我們彼此需要。

與我寫的其他書一樣，我提供書寫和對話的提示，讓你將個人的經驗對應到沿途發現的主題。也與我寫的其他書一樣，我鼓勵你花時間閱讀本書所開啟的探討主題，以便將內心出現的靈感與生活的開展融為一體。

人生的旅程走了這麼遠，我堅信，只要堅持投入生而為人這條艱難但美好的旅程，我們的靈魂就能像黑暗中的花朵一樣綻放，我們就能恢復與彼此、與所有生物在靈魂上的親族關係（kinship）。因為我們視而不見生命之網遠比我們以為的更加堅韌。

在東尼·庫許納（Tony Kushner）史詩般的劇作《美國天使》（*Angels in America*）中，主角普萊爾（Prior）以越來越急迫的堅定態度一再表示，他想要更多的人生。這帶出深刻的主題。庫許納在他的筆記中透露，激發他提出這個基調的原因，是他發現希伯來文中的祝福（blessing）一詞，意謂著「更豐盈的人生」。這就是被心靈教導之後而得到的祝福：我們被賦予了更豐盈的人生。這就是我對每一個讀這本書的人的衷心祝福，就像一條魚因擁有健康、肌肉發達的鰓而變得更強壯一樣，你也因為擁有一顆開闊並經過精心調教的心靈，而獲得更豐盈的人生。

第一部
我們的處境

挑戰是促使我們尋找新重心的機會。
不要抗拒它，
只需找到新的立足點。

——歐普拉．溫芙蕾（Oprah Winfrey）

第一章 繪製社會的斷層線

所有認真的氣魄，都是從內在開始。

——尤多拉・韋爾蒂（Eudora Welty）

一個世紀接著一個世紀，歷史的長浪湧起又崩落。一個時代的仁慈與殘酷擴展又收縮。我們學習方式的開放性與狹隘性，取決於每個世代的人如何應付他們遭遇以及創造的風暴，不是成長，就是崩潰。在我寫這篇文章時，很大一部分的人類正處於如此狹隘的崩潰、如此殘酷的收縮之中。儘管我們已經崩潰，但浪潮的殘酷之美在於它們總是會重組，並聚集所經歷的一切，再次升起，並達到頂峰。同樣的，我們可以從經歷的事件中學習。我們可以再次擴展，打開我們的智力和心靈。如果我們勇於看到彼此的內心，並接受我們已經破壞了某些事物的事實，我們就能找到回歸仁慈的道路。然後，我們就可以看到哪些地方需要修復。本章的開頭探討了我們當前的處境、舊世界是如何消逝的，以及繪製我們社會的斷層線，探討社會的分裂與矛盾。最後，揭示風暴的本質與成因，讓我們得以在無止境的仁慈之中找到自己的定位。

1 舊世界已經過去了

新冠疫情在全球蔓延期間，我的癌症之旅的某些瞬間也被帶到眼前，簡直歷歷在目。其中一個特別深刻的時刻，以極為強而有力的方式呼應了我們現在的處境。那是三十多年前我癌症確診的時刻。當時我坐在醫生的辦公室裡，聽到醫生告訴我：「你得了癌症。」

我當然是既害怕又六神無主。我想，他一定弄錯了，怎麼可能是我？我震驚地離開，但為了就醫而走進去的那扇門卻已消失。在那一瞬間之前，已經沒有路可以回到我原有的生活。生活完全變了樣。舊的世界已經離去。

我認為，轉變的時刻已經席捲全世界。整體來說，新冠疫情大流行之前的世界已經離去了。沒有路可以回到疫情之前的生活。我們別無選擇，只能接受現實，並熱愛我們前進的道路，去發現眼前的嶄新人生。

可以肯定的是，疾病並不令人感到愉快，也不神祕。我罹患的癌症並沒有比它對我內在的啟發更重要。同樣的，新冠病毒也沒有什麼令人感到愉快或神祕之處，它的重要性也永遠不及它為人類所帶來的啟發。如同罹患癌症是促使我轉變的觸媒，我們必須問：這次的流行病試著對我們啟發與教導什麼？它如何把我們轉變成一個全球大家庭？

在猶太傳統中，安息日（sabbath）這個詞的字面意思是「不把某一個事物變成另一個事物的日子」。[1]於是我們被迫停下來，保持寧靜，並停止失衡的行為。在本質上，疫情期間全人類已經迎來了全球安息日。我們別無選擇，只能停止四處奔忙，停止計畫、圖謀、操縱，甚至停止夢想，停止把某一個事物轉變成另一個事物。世間一切都在我們所在之處，所以我們可能會再度發現：每件事物都是神聖的，以及我們每個人就是彼此。

「你即是那」（Thou art that）這句話蘊藏著古老的印度教倫理思想。意謂著無論我們經歷了什麼旅程，無論我們發生什麼事，我們就是彼此，發生在一個人身上的事，也會發生在所有人身上。因此，現在輪到我們停下來注視彼此，接受我們一直是互相連結的。即使感到恐懼，我們還是被迫接受並安於這個事實：照顧好自己，就是照顧彼此。

舊世界已經過去了。我們所知道的世界已經崩毀。這會引起失落感。無論我們如何前進，都必須為逝去的事物致哀。這讓人想起現代臨終關懷運動之母伊麗莎白・庫伯勒－羅斯（Elisabeth Kübler-Ross）的工作。這位瑞士出生的精神病學家，根據她對臨終者的照顧工作提出所謂的悲傷五階段。她在一九六九年出版的《論死亡與臨終》（On death and Dying）一書中，首度介紹了這些階段，她後來確認，這五個階段不一定要按特定順序，反而更像是我們可以以任何順序度過或卡住的一系列旅程。

悲傷的五個階段是：否認、憤怒、討價還價、沮喪和接受。很顯然，在新冠疫情肆虐期間，由於所熟知的生活已經永遠改變了，社會中有相當多的人卡在悲傷的不同階段中。

在我們之中，有些人卡在否認，不接受病毒與我們同在。他們堅稱這是一場騙局。他們不希望這個現實是真的。有些人卡在憤怒。他們拒絕戴口罩。因為我們所熟悉的世界已經被人奪走，他們想要反抗某人或某事。但他們到底在抗議什麼？難道是生物學？還有一些人經歷失去親人、工作和畢生積蓄的痛苦。他們深感痛苦，而且沮喪地發現，為何自己沒有犯任何過錯，卻失去如此多的事物。儘管面對著所有的痛苦、恐懼、否認和憤怒，只有一起走過這段艱難的時光，我們才能經歷某種形式的接受現況，得以度過風暴，並安住在未來。

從庫伯勒—羅斯提出這個具有里程碑意義的研究以來，我們對悲傷的理解已經發展到包含更模糊的失落感，例如失去的某個地方、失去的時間、失去的機會，以及失去的公民權等。如今，這一切都在影響著我們。

失落感之中一項不可避免、令人感到謙卑的挑戰是，悲傷要求我們繪製新的生命地圖。因為當我們失去某個摯愛的人事物時，我們所知道的人生布局、形勢已經改變了。因此，我們的舊生命地圖，無論多麼珍貴，都不再正確，也不再有用了。為了前進，我們必須繪製新的生命地圖。悲傷以一種矛盾的方式，逼我們回到那個必須不斷學習的世界。

雖然我們渴望在創傷或失落之後繼續前進，但有必要整合我們所經歷的事情。與此同時，事情也無法回到創傷或失落之前的狀態了。正如我所說，距離我差點死於癌症，已經三十多年過去了。

雖然我現在對癌症不再憂心忡忡，但我從未自這個經驗中恢復過來。更深入地說，我已然了解，這些改變生命的事件所引起的衝擊，改變了我們生命道路的基石。因此，我們開始接受，是生活在重新安頓我們，召喚我們轉向繪製新的生命地圖。以深刻而持久的方式，以開放的心靈去活，就是靈魂映照事物本質的方式。

關於悲傷，我想談談更個人的體會。讓一切如其所是的真實，是一種無法壓抑的挑戰與行動，但不是從人類經驗的一個極端擺盪到另一個極端，而是讓心靈吸收並整合一切，直到釋放出更深層次的靈性智慧。在這方面，我最深刻的體會就是我父親去世後的某個悲傷時刻，我們心愛的狗米拉，也在同一個季節去世。那是一個美麗的日子，但我的心已經疲憊不堪，無法在美麗與悲傷之間做出選擇。那時「老師」來了，我聆聽，並寫下了這首詩：

漂泊

一切都很美好，但我卻很悲傷。
這就是心靈演奏出驚奇與悲傷二重奏的方式。
透過蕨類植物精緻葉緣灑下的光線，
像記憶的纖維一樣細膩，
在我喉嚨周圍形成了一張網。

微風讓鳥兒從一根樹枝飛到另一根樹枝，
而這種疼痛讓我去尋找那些
我在隔壁房間、在下一首歌曲、在下一個陌生人的笑聲中
失去的人。
在最中心之處，在這一切之下，
我們所擁有的沒有人能奪走，
而我們所失去的一切也彼此面面相覷。
正是在那裡，我漂泊不定，感覺被存在於
萬物之中的神聖感所刺痛。
我很悲傷，但一切都很美好。[2]

儘管我們寧願所愛的人回來，但愛與失落是密不可分的，令人感到謙卑，也會帶來轉變。無論我們多麼抗拒重新融入生活，無所不在的老師會經過我們身邊，在我們被過多的生活負擔與荒蕪的空虛感拉扯時，重新調整我們試圖爬出的深淵。在難以忍受的悲痛中，心靈如鳳凰般神祕地從自己的灰燼中重生，一次又一次地給予愛。

就在我撰寫本書時，紐約開放中心（New York Open Center）的專案總監珊迪・萊文（Sandy

Levine）過世了。她有溫暖、柔和的靈魂，總是熱情好客，總是陪伴在我們左右。我第一次在開放中心演講就是因為珊迪，我們也因此建立了多年的友誼。她總是能安靜而溫柔地維持環境的氛圍，在人群進來之前，營造出讓人放鬆的空間。即使她已經不在人世，那些在下個月、在明年聚集在開放中心的人，將會更了解她持續臨在的重要性。我已經開始思念她了。她就像一朵花，花瓣凋落很久之後，仍然留下芬芳。今天早上，餵食器旁有一隻山雀，在我寫這篇文章時，牠歪著頭，就像珊迪那樣。於是，一切就這樣開始了，每一個地方都能看見我們所愛的人。

面對悲傷，我們被要求讓如此多的深刻事物融入我們的心中，直到這帖神祕的生命藥方幾乎在不知不覺中淨化我們，並重新安頓我們。然後，一切都依然如故，但又截然不同，我們又活了過來。經歷過疫情的人類現在正處於這個過程中。

儘管如此，無論是個人還是集體，我們都無法擺脫失落。隨著時間的流逝，重要的事物會毀壞、消失，或變得遙不可及。例如，我倚靠著祈禱的那棵樹被閃電擊中了、聽我傾訴的那個安靜的朋友已經搬走了。那個讓我對我的意見感到安心的老婦人，已經在九十歲時離世了。雖然舊世界擁有很多寶藏，也發生許多災難，但已經不復存在了。我們別無選擇，只能在失落的過程中感受悲傷，並互相傾聽與扶持，以便重新與所有重要事物達成和諧。如此一來，我們才能夠繼續前行。

以深刻而持久的方式，以開放的心靈去活，就是靈魂映照事物本質的方式。

可以思索的問題

- 在日記中，寫出庫伯勒－羅斯的悲傷五階段中，也許是否認、憤怒、討價還價、沮喪或接受，哪一個階段曾在你個人的痛苦經驗中發揮作用。你當時為什麼事而悲傷？你被要求接受什麼？
- 試著向朋友或所愛的人描述，你曾經把某件事物轉變成另一件事物，但其實應該讓它保持原貌的經歷。你對生活的干涉如何影響了你自己和身邊的人？

2 折射的社會

為了修復，我們需要了解哪裡破損了。為了成為完整的人，我們需要知道自己是多麼的片面和局限。為了健康，我們必須診斷出身體哪個部位有病痛。因此，我們必須承認：有一種瘋狂正在發生，正在由內而外吞噬我們的社會。其症狀包括對知識的蔑視，以及對任何不熟悉事物的偏執或妄想。無論實際上最接近個人或群體的核心價值是什麼，都會被神化、被崇拜，直到把所有其他信仰體系都視為敵人。更糟糕的是，認為有必要摧毀一切的不信任感四處蔓延。如果我們要修復社會，再次成為一個致力於人類共同價值的群體，我們就必須了解，我們是如何陷入這種分散而自我毀滅的狀態？我們是怎麼走到這步田地的？

以下是描述這種社會熵（social entropy）①的幾種方法。當一座橋梁遭受內應力而斷裂時，一開始沒有人會注意到，直到其中幾處裂縫銜接起來，橋梁就倒塌了。在美國，人類尊嚴的橋梁已經開始倒塌。現在思考一下，在陶藝中，當盤子開始出現裂痕的網絡時，就稱為裂紋②。這是由於坯體和釉料不搭配，產生的應力大於釉料所能承受的壓力。如果內部與外部不協調的程度夠大，盤子就

①譯者註：社會學將「熵」定義為社會結構的自然衰退或社會系統內結構（如法律、組織或慣例）的衰退。

②編者註：裂紋為陶藝的專有名詞，亦可見紋裂、釉裂等翻譯，此處原文為crazing。而craze一詞又有狂熱、瘋狂的意思。

會破裂。我們的社會一直處於狂熱與崩潰的過程中。我們所承受的壓力超出了社會契約目前所能承受的範圍，因此我們的社會契約開始被打破了。

事實是，自工業革命二百六十多年前在英國展開以來，以及自從四百多年前第一批奴隸被用武力帶到美國以來，我們正處於使我們的社會變得瘋狂的斷層線交會處。我們必須了解我們生活方式中的這些斷裂之處，才能再次肯定和加強我們的社會契約。

關係的失落

雖然工業革命是世界各地進步的象徵，但它的重大代價之一，就是對我們的人際關係造成了嚴重損害，而且從那時起，我們就一直在補償這項損失。工業革命將人的工作場所從農場上帶到農場外，最終甚至擴展至居住地區之外，還打破了家庭原本的緊密聯繫。而工廠引進裝配線和分工制度，更進一步擾亂了工作中的人際關係。越來越痴迷於不惜一切代價取得利潤，開始使勞工失去人性。

馬克思（Karl Marx）是預見到這一切的偉大思想家。[1]在我們進一步討論之前，需要注意的是，由於共產制度的慘烈失敗，馬克思的思想常常被避而不談。然而，這位德國哲學家對社會的本質確實提出重要的見解。

早在一八四四年，馬克思就告訴我們，一個疏遠和分裂的社會將孕育出疏遠和分裂的公民。[2]

他提出，一個不重視關係的異形國度（alien nation）會導致個人的異化③。事實上，馬克思創造了「精神病學家」（alienist）④這個詞彙，並將其視為治療師。精神病學家致力於修復疏離和孤立的人，使他們恢復到符合基本人性的狀態。

今天，我們正遭受著重大的疏離感之苦，成千上萬的人與自己人性中的許多面向分離，這些面向包括真正的自我意識，以及對他人的深刻尊重。經過兩百多年來的發展，我們的疏離程度之深，顯然是人被當作機械化社會中的零件來對待的系統性結果。這些疏離使得重建富有同情心的社群受到嚴重的阻礙。[3]

法國社會學家涂爾幹（Émile Durkheim，1858~1917）在觀察到人們應如何互相對待的價值觀正在瓦解時，進一步闡明了疏離（失範〔anomie〕⑤）的概念。由於較少關注人際關係，人們不知道如何期待彼此之間的互助。涂爾幹預見到，隨著社會變得更為複雜，人與人不再相互聯繫，在社會上的人際連結變得沒有人情味。他還預見到，像現在這樣的劇烈社會混亂時期，會帶來更大的疏離

③譯者註：為了便於理解，異化（alienation）於後文皆譯為疏離感。

④譯者注：alienist 這個字在二十世紀中之前是精神科（病）醫師的意思，但 alien 除了外國的、陌生的意思之外，也有外星人的意思。可見當時研究精神病的醫師非常不被接納。

⑤譯者註：社會學術語，指現代化過程中，因傳統價值和社會規範遭到削弱、破壞乃至瓦解，導致社會成員心理上失去價值指引、價值觀瓦解的無序狀態。

感，以及更高的犯罪率、自殺率和孤立感。他將疏離描述為一種社會性自殺，與失去更注重人際關係的生活方式有關。

我們生活的時代及其科技奇蹟，使我們與生活、與彼此分離的方式變得更為複雜。因此，修復與重振我們的人性，這項需求比以往任何時代都更為重要。

科技帶來的疏離

我們文化中另一個顯而易見的裂痕，是日益發展的科技所帶來的孤立感。使用電子設備的生活方式不僅使我們無法與彼此實際接觸，也使我們無法體驗真正獨處的好處。科技體驗如同囊袋⑥，讓我們處於科技的地獄，我們沒有真正地在一起，也沒有真正地獨處。這是一種令人焦慮又失去活力的狀態。

研究顯示，我們對科技的過度依賴阻礙了我們發展並深化自我反省、對話和解決衝突的能力。簡而言之，身為科技使用者的生活，使我們對各式各樣人類經驗的反應變得極端。因為我們並未開發從多樣化、模糊性和矛盾中學習的能力，以至於往往以暴力的方式服從或反抗。

這樣說並不是要貶低科技帶來的許多益處。但與工業革命一樣，科技發展也讓我們所有人付出了人際關係和內省的代價。由於缺乏真正的關係和真正的獨處，使我們陷入無法成為社會人的煉獄。我們漂浮著，既不在這裡，也不在那裡，既不與他人連結，也不與自己連結。因此，我們對更寬廣的人際連結與對生命的整體感也受到了影響。

自從一九五〇年第一組現代電腦（UNIVAC 1101）被交付給美國政府以來，我們的孤獨感和疏離感在過去七十年裡不斷加深，而我們對真實而持久的事物的追求也更加困難。遠離了直接體驗、失去內省能力，只會削弱我們接納生活、困難、差異、他人與自己的能力。

因為沒有能力誠實看待自己或擁抱更大的生活脈絡，我們突然快速陷入一種受害感，我們所有的不滿也投射到別人身上，例如家人、同事、政府與時代。普遍存在的民族孤立主義意識，現在已經演變成嚴重且幾乎難以被打破的個人孤立主義。

如果要從這個科技的地獄中探出頭來，我們必須找到一種方法來恢復我們對生活和彼此的直接體驗。這始終是同情心的核心。

現實的消融

在過去的五十五年裡，我們經歷了現實的緩慢消融。首先，我們將不真實的事物描繪成真實的事物，而各種娛樂，例如實境秀節目，成為逃避現實的方式。幾十年來，這種情況逐漸演變成對什麼是真實、什麼不是真實的混淆。現在，川普主義（Trumpism）已經開始蓄意以虛假的事物取代真

⑥譯者註：experiential cocoon，指與外界隔離的狀態。

實的事物，鼓勵刻意擺脫現實。

追查兩條持續分裂我們社會現實感的斷層線，對此是很有幫助的。

首先是實境節目滲透到我們的意識中。在美國，最早的實境節目是《美國運動員》（*The American Sportsman*,1965）、《警察》（*Cops*,1989）、《現實世界》（*The Real World*, 1992）、《騙子》（*Cheaters*, 2000）和《倖存者》（*Survivor*, 2000）。

與現實無關的實境節目，其作用就像集體鎮定劑。[4]在號稱觀眾參與的幌子下，引誘孤立的觀眾認為他們確實透過為參賽者投票，而在某個社群中採取了行動。然而，在參與之後，觀眾仍然感到孤立，渴望連結。自始至終，這些節目往往利用散布匱乏和恐懼感來強化自身的利益。觀眾幻想著參加節目並獲勝，而不是面對自己真正在過的生活。

《誰是接班人》（*The Apprentice*）、《倖存者》和《誰敢來挑戰》（*Fear Factor*）等節目，為了得到金錢和名聲，將成功定義為以智取勝、表現出色、能忍人所不能忍和欺凌他人的能力。在《誰是接班人》中，成功取決於不惜一切代價安撫某個父權權威。《倖存者》是一個浪漫化的訓練場，以贏家通吃的心態造就最殘酷的競爭。在節目中，競爭對手之間投票決定誰能留下來，是一場口是心非和背叛的考驗。《誰敢來挑戰》讓觀眾看到人會鼓起勇氣做出可怕的行為，一切都是為了獲勝。這些牽強做作的情境取代了我們在平凡中發現的奇蹟，反而設計出越來越多令人不安的行為，直到扭曲的行為成為非凡的代名詞。這些反常成為驚嚇的來源，而不是驚奇的來源。

這些情況都是逃避生活的潛意識形式。矛盾的是，實境節目的精神——我們聚在一起，等待某種事物來解救我們——破壞了人參與實際生活所需的才能。一般的實境節目都帶著一種偷窺的心態，讓我們間接體驗旅程，而不需要冒險進入自己的生活，並踏上自己的旅程。

這些節目告訴年輕人：透過自利和殘酷的行為，就可以留在節目中；透過對任何人、甚至對自己做任何事，就可以取悅同儕和他們工作單位的高層，以得到金錢和名氣。一步一步地，這些節目讓年輕人陶醉在機遇的刺激中，但帶著真實的風險、更能充實人生的工作，卻乏人問津。

這讓我想起了羅馬競技場，基督徒被扔向獅子，以提供觀眾消遣，戰士則以殊死搏鬥來娛樂群眾，以消磨他們的叛逆渴望。透過運用電視和技術，實境節目無意中變成我們的虛擬競技場，我們耗盡了應有的生活能量，感到疲倦和沮喪，不知道下一步該做什麼。

現實瓦解的第二條斷層線，就是表演和假裝取代了追求真相的高貴行為。我記得小時候和祖父一起觀看第五頻道的摔角比賽。他非常喜歡這個節目，儘管他一直都知道這是演出來的。今天，有很多人不知道或不在乎，這些版本的生活都是演出來的。這一切把我們帶入了一個自我喧囂的世界，我們無法分辨什麼是真實的，什麼是假裝的。

這種真實感逐漸喪失的現象，從四十年前某個演員成為總統時就開始發生了。接著，一名摔角手成為明尼蘇達州州長，一名健美運動員成為加州州長。二〇一六年，一位實境秀主持人成為總統。雖然羅納德·雷根（Ronald Reagan）、傑西·文圖拉（Jesse Ventura）和阿諾·史瓦辛格（Arnold Schwarzenegger）離開了演藝界，在現實世界的政府中服務，但唐納．川普（Donald Trump）厚顏無恥地帶來虛偽的世界，就像一把鐵鎚無情地砸向現實世界，置入並堅持謊言和虛假。

從一九八一年就任總統的羅納德．雷根，到二〇二一年終於卸任的唐納．川普，真實與虛假之間的鴻溝已經大幅擴大。當所有與人際關係、自然、歷史和傳統的連結都被切斷時，強烈的感受會被誤認為是真實的。沒有任何連結，我們會感到進退失據，並以任何形式的刺激來代替意義與目標。結果，尋求強烈的感受成為另一種形式的上癮。

人道主義者大衛．阿迪斯（David Addiss）證實：「靈性傳統和進化生物學都告訴我們，逃避現實會導致痛苦和滅絕。」所以，如果我們有意再次找到彼此，並過著我們被賦予的最充實的生活，我們需要穿越這座讓我們遠離最重要事物，真假難分的鏡子之屋。因此，我們重新尋找真實和意義的能力，也變得更加重要。因為一旦我們失去了明辨真假的能力，找到出路就會倍加困難。

失去共同的中心

從工業革命以來，現代社會中的人際關係逐漸減弱，加上科技帶來的疏離，以及現實感緩慢而穩定地瓦解，社群媒體在無意中對我們個人與公共意識的影響是無法被低估的。社群媒體掀起的心理海嘯，大幅加速社會的狂熱現象與人際關係的崩潰。

令人振奮且富有啟發性的紀錄片《智能社會：進退兩難》（*The Social Dilemma*, 2020, thesocialdilemma.com）充分證明了這一點。本片導演是傑夫・奧洛斯基（Jeff Orlowski），內容特寫了來自臉書（Facebook）、推特（Twitter; X）、谷歌（Google）、Instagram、YouTube與蘋果（Apple）的前高階主管與平台設計者，包括崔斯頓・哈瑞斯（Tristan Harris）、傑夫・塞伯特（Jeff Seibert）、貝莉・理查森（Bailey Richardson）以及其他三十個人。

第一批社交媒體網站是Six Degrees（1997）和Friendster（2002），隨後是Myspace（2003）、臉書（2004）和推特（2006）。短短二十年，演算法不斷精細化，嚴重孤立了個人的世界，只留下自己的偏好和恐懼。

在極度貪婪的驅使下，這些平台會主動、不斷地精細化任何人接觸到的內容。而意想不到的影響，就是消除了社會成員共同認可的基礎。根據個人的反應，我們被拉進現實的某個角落。例如，如果我點擊進步思想方面的網站，我只會得到進步思想相關的網站和產品，包括一系列精選的新聞媒體。如果我點擊陰謀論，我只會被餵食陰謀論的相關網站、產品和新聞媒體。

每個人都被建構出過度個人化的視野。如果你用谷歌搜索「氣候變遷」就會發現，並沒有共同、單一的事實定義。如果你的點擊紀錄是進步傾向的，就會收到一個將氣候變遷描述為「我們時代的生存危機」的定義。但如果你的點擊紀錄是保守傾向的，就會收到一個將氣候變遷描述為「毫無根據的騙局」的定義。

隨著時間的流逝，過度個人化的現實感會削弱我們的能力。《美國流行病學雜誌》（*American*

Journal of Epidemiology, 2017）透過一項包含五千人參與的研究報告指出，社群媒體使用率較高，與參與者自我報告所呈現的身心健康和生活滿意度下降相關。《紐約時報》（*The New York Times*, 2019）發現，在過去兩年，在社群媒體上進行假政治訊息宣傳活動的國家數量增加了一倍。就連臉書在一份內部報告（2018）中也透露，在該平台上加入極端主義團體的人之中，有百分之六十四是因為演算法引導他們加入的。

多年來，社交媒體的驅力為每個人創造了一個難以穿透的獨特泡沫。因此，社會共同認可的現實如今正在逐漸瓦解。想像一下，稜鏡的多個平面是如何被從中心穿過的光線照亮，並將光線向各個方向折射的。這代表了多樣性的健康和力量，而這種多樣性有賴於與共同中心的聯繫。但是，消除這個共同的中心，只提供人們已經渴望和恐懼的事物，就創造了一個這樣的社會：我們變成了沒有中心的稜鏡裡，被無限切斷連結的其中一個平面。如何打破這種陰險的分離循環，正成為我們這個時代的挑戰。

自戀與包容的對比

而我們以自我為中心的生活方式根深蒂固，又惡化了這一切。西方文化的標誌之一，就是堅韌的個人主義，在最好的情況下，這種思想激發了我們面對逆境時的復原能力。但自立自強的偏差已經演變成一種現代心理疾病，稱為自戀，一個人只能透過持續不斷的自利行為來感知與體驗生活。

事實上，自戀者會把別人當成食物或燃料一樣來利用，不惜一切代價來維持自己的生存需求。對自戀者來說，根本沒有互惠行為，根本無法與他人建立關係。

這也是使我們變得僵硬與孤立的另一個方式。因為當我們只聽自己的想法時，所做的判斷就成為極度蔑視他人的一種有毒方式。而自信的傲慢會讓我們只顧自己，壓制生命的吶喊，不把別人當人。維持自我中心需要內在窄化的生活，這符合受到社交媒體影響所推廣的外在窄化的生活。越是以自我為中心，我們的包容度就越低。越是絕望地失去自己的價值，我們就越會強烈地想要推開甚至摧毀任何與我們不同的事物。

除了我提到的其他情況之外，自戀的流行已經形成一個由迷失者組成的焦躁不安的社會，他們的行為就像癌細胞一樣。就像患病的細胞會吞噬宿主的身體，自戀的公民蔑視一切不認可他們的人，同時以犧牲整體為代價而活。

儘管如此，自戀的解藥是同理和包容，仍是事實。因此，最好承認我們是迷失的、受傷的。無論各自的主張是什麼，寫的是什麼標語，最好將所有的旗幟和布條當作毯子，用來為彼此送暖，並對我們跌倒的方式感到謙卑，這樣我們才能記住，我們的本質是一樣的。

暴力成癮

過去六十年我們也對暴力無感。由於電影和電子遊戲中暴力氾濫，以及新聞一週七天、一天二十四小時重複令人作嘔的暴力畫面，殘酷已經在現代生活中扎根。在這段期間，我們先是將觀看暴力當成娛樂，然後將體驗暴力當作藥品，接著再以某種方式將把持暴力當作一種神聖的權利。自一八七一年美國的全國步槍協會（National Rifle Association）在紐約成立以來，人們逐漸不再將持槍視為保護自由的象徵，而是將持槍視為自由的必要條件，將暴力等同於自由的一部分。

奇怪而悲慘的是，二〇二一年一月六日，暴力襲擊美國國會大廈的叛亂分子看上去既瘋狂又超然。他們一邊瘋狂地破壞，一邊拿手機快樂地在影片中記錄自己的暴力行為，就好像他們正在看著自己在電玩中失去控制一樣。

我們對暴力的癮頭不斷加深。二十年前，即二〇〇二年，世界衛生組織（WHO）發布了第一份《世界暴力與健康報告》（*World Report on Violence and Health*）。[5]以二〇〇〇年為樣本，世界上約有一百六十萬人因暴力而喪生。其中約三十二萬人死於武裝衝突；約五十二萬八千人死於凶殺案；但有將近八十萬人是死於自殺。換句話說，當年全世界死於自殺的人數是死於戰爭的兩倍多。

二〇一七年，《全球疾病負擔》（*Global Burden of Disease*）研究報告指出，全球有超過四十萬五千人死於他殺。這是武裝衝突和恐怖主義造成的死亡人數總和的三倍。二〇一九年，世界衛生組織更新他們的全球研究，算出每年有大約八十萬人自殺，這意謂著，每四十秒就有一個人結束自己的生命。換句話說，每年有相當於曼哈頓一半的人生活在如此痛苦與不滿之中，以致選擇自我了斷。對於現代生活的混亂、痛苦和孤獨，這個現象說明了什麼？我們需要什麼更深刻的補救措施？

接種疫苗會產生抗體並增強我們對疾病的免疫力，但個人與社群面臨的挑戰是，如何安住在使我們對珍貴而不可重複的生命品質保持覺察的修練中，以發現應對疏離與暴力社會的預防措施。對於導致暴力的孤立與麻木感，這些來自所有傳統的做法可以激發我們的抵抗力。正如某些疾病需要加強疫苗注射，才能隨著時間的流逝保持身體的免疫力一樣，我們必須安住在較深層次的修練，否則我們將重新陷入滋生暴力的脫節狀態。

狄更斯在他的小說《雙城記》中這樣開頭：「這是最好的時代，也是最壞的時代。」每一個時代、每一個世代、每一天，都是最好的時代，也是最壞的時代。而我們與前人一樣，必須在愛與恐懼之間做出選擇。

如果我們將人類視為一個整體，那麼，就像每一個人體都存在健康細胞和有毒細胞一樣，當健康的人多於有毒的人時，世界就會充滿健康。每一次當我們以善意和真誠相會時，我們都會增強整體的免疫系統。既然一切都是相連的，一切都很重要，你每強化一顆心一次，就會減少世界某個地方的恐懼和暴力。這也是我們時代的挑戰：強化我們的心靈，減少恐懼和暴力。無論我們信仰什麼或住在哪裡，我們共同面對這個挑戰。

最初的侵害未被完全療癒

這一切社會分裂的背後是美國靈魂中黑暗且潰爛的傷口，那就是種族主義。美國從未完全療癒奴隸制度最初的侵害和殘暴行為。第一艘奴隸船於一六一九年抵達維吉尼亞殖民地。這艘船的名稱是白獅（White Lion），所有人是羅伯特．里奇（Robert Rich）。四百多年來，真正的自由從未完全實現，因為美國白人從未放棄保有優越地位的欲望。

事實是，自從開國元勳在擁有奴隸的同時創建了一個自由的國家，美國一直在「將世界按照我們的意志改造」和「愛這個世界」之間的道德緊張中掙扎。當我們在沒有愛的情況下改造世界時，我們開始重物輕人，並且與我們的本性脫節，我們將膝蓋壓在他人的脖子上，直到他們無法呼吸。

這讓我們想起了殺害無辜黑人的事件。特別是二〇二〇年五月二十五日，四十六歲的非裔美國人喬治．佛洛伊德（George Floyd），在明尼蘇達州明尼阿波利斯市，因涉嫌使用假鈔，於被捕期間遭到殺害。[6]白人警員德瑞克．肖萬（Derek Chauvin）把膝蓋壓在佛洛伊德脖子上長達九分二十九秒，當時佛洛伊德被戴上手銬，臉朝下趴著乞求饒命，並不斷地哀求：「我無法呼吸。」警察亞歷山大．金（J. Alexander Kueng）和湯瑪斯．雷恩（Thomas Lane）進一步壓制佛洛伊德，警員杜．陶（Tou Thao）則阻止旁觀者干預。在最後四分鐘裡，佛洛伊德失去知覺，沒有脈搏，而肖萬無視旁觀者要他移開膝蓋的請求，直到醫護人員要求他才照做。

這場鬧劇在全世界引起迴響，導致美國兩百多個城市，以及幾乎各大洲超過六十個國家持續不斷的抗議活動。而這一切都是在全球疫情大流行期間發生的。儘管新冠病毒迫使我們中斷生活方式並進一步隔離我們，但世界各地的這股抗議風潮讓大家認識到我們就是彼此。儘管社會處於崩潰狀態，我們靈魂上的親族關係以某種方式正在透過這些破口增強。這是極為明顯的。

儘管如此，現代社會的系統性種族主義問題仍然是有害而不可否認的。在美國，警察過度使用武力以致殺害有色人種的事件不斷發生。二〇一九年，美國納稅人因警察不當行為支付了超過三億美元的和解金。然而，二〇〇五年至二〇一八年期間，因執勤槍擊致死而被捕的九十八名警察中，只有三名被判謀殺罪。[7]

由於我們拒絕接受我們在靈魂層面上的親族關係，種族主義的傷口似乎永遠不會完全癒合。儘管如此，我們似乎正處於愛與恐懼、尊嚴與殘酷、接受與不包容之間的另一個十字路口。普林斯頓大學關於非裔美國人研究領域的傑出教授埃迪・格勞德（Eddie Glaude）曾說：「美國在垂死之中。我們聽到它臨終的哀鳴，響亮而充滿暴力。但一個新的美國正拚命地想出生。而我們都是它的助產士。」

勇氣和痛苦的例子隨處可見。想一想，二〇二〇年九月四日，在全球各地反對警察暴行的抗議浪潮中，當時擔任美國職籃洛杉磯快艇隊主教練的里佛斯（Doc Rivers）在記者會上流著淚說：「我們是被殺害的人……我們是被拒絕住在某些社區的人。我們的人一直被吊死、被槍殺。而你們總是聽到散布恐懼的言論。讓我震驚的是，為什麼我們一直在愛這個國家，但這個國家卻不愛我們。實在是太令人傷心了。」

就像重力一樣，這是精神上的物理定律，當我們的內心因經歷創傷而被打開（broken open）⑦時，我們的內心深處就會被觸動。然後，當我們真正感受到他人的痛苦時，我們就經歷到所有痛苦的遺緒。在喬治・佛洛伊德被四名警察殺害的那九分二十九秒的恐怖中，全世界都感受到了四百年的壓迫，無論是多麼短暫。我認為，部分原因是疫情使人的內心變得更加開放與脆弱。儘管存在社會分裂，至少目前如此，如此深刻的侵害不僅僅是一種概念，而是一種切身的體驗。

疾病與治療方法一定是彼此接近的，就像黑夜與白晝一樣，只要我們能夠度過難關。隨著抗議活動在世界各地越演越烈，年輕人的勇氣也鼓舞了我。在面對受迫害的歷史時，他們體現了馬丁・路德・金恩（Martin Luther King Jr.）的想像，他曾說：「我相信，被以自我為中心的人拆毀的事物，將會由以他人為中心的人建造起來。」

這在很大程度上取決於我們面對真相並繼續彼此相愛的勇氣。在鳥類世界中，鳥兒每天都會透過在第一道曙光出現時聽到彼此鳴叫的方式，來重劃它們的棲地範圍。當世界各地的聲音相互代表彼此時，我們就開始重新描繪社會。在所有的混亂和苦難之中，我們可以進一步崩潰，也可以開闢新時代。如果我們能夠坦誠公開我們對彼此所做的事情的真相，我們就可以開始重寫我們的社會契約。

三個關於修復社會的典型問題

我們需要打破這些社會狂熱的恍惚狀態。我們需要發現並揭露這些社會缺陷的解藥：我們如何打破科技造成的孤立，並恢復我們對直接與他人建立關係的感受？我們如何重新縫合人性中的裂痕？我們如何支持他人的觀點，並與他人重新建立清楚而共同的現實感？我們如何打破自我中心和暴力成癮？我們如何療癒種族主義的創傷？我們如何再度超越我們自身的事物並重新建立連結？無論可以支持社會重建的對話和實際做法是什麼，都是我們未來需要的療法。

那麼，我們必須重新開始嗎？顯然如此。似乎每一代人都在輪流嘗試從黑暗中攪動光明，從痛苦中攪動和平。直到下一個善意誕生、被記住，並被依賴。事實上，這些社會分裂已經導致我們之中許多人嚴重失控。但牢牢抓住一個無論是什麼的單一想法，都無法取代我們與生命之網的連結——情感或行動的強度並不能取代我們靈魂上的親族關係。然而，還有希望。在整個人類旅程中，偉大的愛和強烈的痛苦總是可以沖刷我們之間的分歧，讓我們回歸生命的本源，讓我們知道活著和共生意謂著什麼。

不過，我們要從哪裡開始呢？記住，當事情失敗或沒有按計畫進行時，我們總是需要問自己三個典型的問題：需要修復什麼？需要重新構想什麼？以及需要拆除什麼？這些問題一定是相關的，

⑦譯者註：作者引用了 broken 的雙重意義，有東西破碎，也有情感上受傷、心碎的意思，根據前後文調整譯法。

特別是在今天。因為生活總是不斷需要修復，被阻止採取行動時，也讓我們有機會把某些事情重新想得更周到。也許最重要的是，讓我們有機會意識到哪些方法已經失敗，而且永遠不應該重蹈覆轍。

雖然這種錯綜複雜的情況令人手足無措，但我們並不是第一批四分五裂後又凝聚在一起的人。人類以前曾以不同的重複方式面臨過這種狀況。而且，盡管這種反覆的退化令人防不勝防，但我們反覆的修復衝動同樣堅定不移。廣島遭到原子彈摧毀之後，那些能走路的人開始清理廢墟。當納粹倒台後，華沙的清潔工人將藏在寒冷、黑暗下水道中的猶太人救出來。在盧安達，陌生人被安排去傾聽他人的痛苦，人他們坐在血跡斑斑的田野裡，互相安撫彼此。華盛頓特區國會大廈發生暴亂事件四天後，超過兩百名退伍軍人和志工花了幾個小時清理現場的碎片廢物，並清除騷亂者留下的仇恨貼紙。還有老婦人曾站出來捐血。即使是孩童，如果察覺到身旁有人感到飢餓，也會分享自己手中的雞蛋。

要走到我們今天的局面，是一段很漫長的路。然而，時不時地，隨著時間的流逝，一座山會自我改造，一座森林會自我清理，而海洋也會重塑海岸。每過一、兩代人，人類就會改造自己，就像我們現在一樣。當然，這樣的改造，既深刻又痛苦。

此刻，我們被要求拋開過去的虛偽和彼此疏離的方式。我們被要求以激烈又溫柔的心去愛彼此，直到正義和療癒合而為一。我們要如何參與人類的改造？我想，一次一顆心，一次一個真理，一次一份善意。我們可以從改造自己開始。

當風暴過去後，我們可以開始思辨：什麼需要修復？什麼需要重新構想？以及什麼需要繼續拆除？然後，我們就可以開始清理瓦礫、走出藏身的地方、傾聽他人的痛苦、公開地互相支持，並為處於困境中的人提供幫助，因為我們可以做到。但未來幾代人的健康取決於我們現在的努力和日常選擇——接受我們所做的一切，並找回人性的良善。

> 每次我們以善意和真誠相會，就在增強整體的免疫系統。

可以思索的問題

- 在生命中的這個時刻，問問自己：什麼需要修復？什麼需要重新構想？以及哪些事物需要拆除？描述每一件事，以及每件事可能採取的初始步驟。
- 在與朋友或所愛的人談話時，探索可以打破科技造成的孤立，並恢復與他人建立關係的具體方法。以及可以支持其他觀點，並與他人重新建立清楚和共同現實感的具體方式。

3 風暴的本質與成因

只有在暴風雨中，一棵樹才知道它有多堅強。

——馬紹納・迪利瓦歐（Mathona Dhliwayo）1

要挺過風暴，就必須了解風暴的本質與成因，它們如何形成、移動和消散，以及它們可能造成的破壞。觀察真實風暴的發展過程，可以為我們提供如何因應我們遇到的許多個人、人際關係和社會風暴的線索。生活中的風暴常常會在不知不覺中顛覆我們。然而，無論喜歡與否，風暴也是引發轉變的作用力。

儘管風暴可能是嚴厲的老師，但它們常常為我們掃清道路，讓我們放棄一切不重要的事物。簡而言之，風暴讓我們更快認清現實。隨著時間的流逝，它們常常為我們顯示一條出路。十七世紀的武士水田正秀（Mizuta Masahide）放下刀劍，成為一名詩人，跟隨芭蕉（Basho）大師學習。在他著名的俳句中，捕捉到了風暴掃清道路那股令人謙卑的力量，他說：

穀倉烈火焚
障礙已灰飛煙滅
明月在眼前

雖然失去穀倉的損失和傷心是難以避免的，但這場風暴和它所引發的火災，卻讓正秀打開視野。這揭示了我們在人生旅途中的某個時間點都會遇到的矛盾之處：我們被召喚去面對生命中不可避免的失落；同時保持開放，一旦束縛或困擾我們的事物消失後，我們能更完整地接納看到的一切。

當我們因為受傷而開放時，我們會被引導到一個更深刻、更具韌性的真相：使我們開放的原因，永遠不如我們因此而開啟的事物重要。打開我們的可能是不公不義或災難。雖然不公不義或悲慘事件可能需要我們的道德感與內在的堅毅才能克服，但在我們的心靈與彼此之間展開的道路永遠更為重要，因為正是由於沿著這條道路，我們才能更深刻地融入並理解我們的生命。

我有一首嘗試描述這個情境的詩：

對抗工具

改變的工具通常是

不友善或不公不義的
但最困難的開放
可能是
在擁抱改變時
不把心力浪費在
對抗造成改變的工具。

風暴並不比它所開啟的
道路更重要。
一生中所遭受的虐待
從來沒有比它在你心中清出的
空地更重要。

這非常令人難以接受。
與埋在石頭裡的寶石相比
挖掘它的槌子

> 或其他同樣殘酷的工具
> 其存在總是短暫的。[2]

遭受虐待或蒙受冤屈時，我們會因追求認可和正義而分心，而認可和正義可能會實現，也可能不會。與此同時，我們生命中清出的空間正等著我們進入。例如，友誼所帶來的最堅定不移的禮物，就是我們會引導彼此走向那片生命中的空間，無論曾經有什麼因素阻礙我們遠離它。

一旦面對風暴並接受它對我們造成的影響，我們通常就會找到一條出路。[3]當痛苦、迷茫時，我經常引用這段十四世紀時不知名的日本諺語：

> 所有的暴風雨都像肚臍一樣，
> 中間有一個洞，
> 海鷗可以飛越而過，
> 悄無聲息。

與其說我們在尋找能帶我們到達那片寧靜中心的地圖，不如說我們不可避免地被磨練以到達那裡，只要我們能夠互相幫助，共同度過那些諷刺地環繞著所有寧靜中心的暴風雨。

接受在任何傷害之外等待著你的更廣闊的生活，願意追求已經開啟的道路，並臣服於我們內心在經歷風暴後所磨練出的寧靜中心，這些都是靈魂為了挺過風暴而必須經歷的典型過程。探索這些過程，並尋找因應逆境所需力量的心靈任務，是本書其餘部分要探討的重點。

風暴如何形成

因此，讓我們研究一下風暴的本質與成因，以從中吸取教訓。首先，風暴的定義為環境中的任何擾亂狀態，該狀態干擾了該環境中的正常生活模式，有時甚至會致命。「風暴」（storm）一詞源自德語「sturmaz」，意思是「噪音、騷動」。騷動這個詞指的是「一種迷茫或混亂的狀態」。你可以很容易地發現，一個人的內在以及人與人之間都可能出現迷茫或混亂的情況。也就是說，風暴可以出現在環境、社會、情感、心理和精神等各個層面。

幾個世紀以來，所有的靈性傳統都發展出消除迷茫和混亂的儀式與修練方法。無論你的成長經歷或宗教訓練如何，我都敦促你將這些不同的儀式和修練方法，當作可以收集起來協助你生存與壯大的工具。因為從本質上來看，我們個人的靈性修練，由我們可以依靠的內在和人際工具（傾聽、溝通）組成，以清除迷茫和混亂。然而，即使我們能夠挺過來，風暴也會再次來臨。因為，儘管它們可能很難纏，但它們就是自然循環的一部分。

在自然環境中，風暴的形成需要三個基本要素：水分、不穩定的空氣和氣流的上升力。當低壓中心被高壓系統包圍時，就形成一個風暴圓柱體。這些相反的力量產生了風與黑暗而動盪的雲層。較常見的風暴類型包括：冰雹、冰暴、暴風雪、雷暴、風暴、颶風和龍捲風。4

現在，有我們遇到的風暴，也有我們製造的風暴，例如社會目前所經歷的動盪。關於我們遇到的風暴，我們必須學會如何承受它們的力量、如何處理風暴帶來的失落所引發的悲傷，同時修復風暴過後可以修復的事物。至於我們自己所製造的風暴，我們有另外的責任去了解，我們為何變得如此不穩定而具有破壞性，以便改善我們的行為或性格中風暴般的傾向，並防止變得如此不穩定而具有破壞性。

風暴在做什麼

風暴有很多種擾動形式。每一種形式對我們的影響也大不相同。隨著大規模颶風發生次數的增加，我們已經非常熟悉海嘯時水位會急劇上升，可以瞬間淹沒我們所知的日常生活。同樣的，鋪天蓋地的訊息和錯假訊息也淹沒了我們的日常。不受控制的洪水可能會徹底摧毀我們的家園。同樣的，不受控制的媒體浪潮可能會淹沒我們的心智，並造成混亂。

如果海浪夠大，而且持續不斷，它所觸及的海岸將會遭到侵蝕。紐奧良（New Orleans）和查爾斯頓（Charleston）等許多城市正在修建堤壩和海堤，以保護港口的地基。同樣的，強烈、未經處理的風暴一再重複出現，例如種族主義、民族主義、仇外心理和普遍對他人感到恐懼，可能會侵蝕我們社會的根基。因此，必須在社會和心理形式上建造能夠保護我們社群的堤壩。

當道路無法通行時，我們就會迷失方向。當生活中的迷茫和混亂不斷湧來時，我們所知道的道路就行不通了。然後，就像之前的每一代人一樣，我們必須找到一種共同努力的方法，來修復無法通行的道路，並尋找或建造新的道路。這會是一件長遠的工作。

暴風雪和冰暴帶來了它們造成的苦難。暴風雪的影響是讓我們的視力受損，看不到自己身在何處，或前往何方。在白茫茫的情況下，我們缺乏深度的感知，失去了與他人和周圍環境相關的所有背景訊息。當我們從單一觀點看事情時，就像在暴風雪或白茫茫的視野中，我們失去了對真實事物的所有深度感知和背景訊息。

冰暴的後果尤其嚴重。因為無極限的寒冷能名副其實地包圍我們，直到我們遭受嚴重的孤立。最後，在沒有任何溫暖的情況下，我們開始變得麻木，直到失去知覺並昏昏欲睡。這也呼應了科技的冰冷包裝，儘管它帶來各種干擾與大量訊息，但卻切斷了我們與自己和他人的連結，直到我們意識到之前，我們變得麻木，失去知覺，因為我們和凍結在我們手中的手機一起神遊了。

風暴擾動最強烈和最具破壞性的一種形式就是雲對地閃電，當兩個帶電區域試圖平衡能量時就會發生，這種情況會造成最大的能量釋放。釋放的強度可能會對相關地區以及行經路徑上的任何物體造成破壞。

因此，閃電可能會引發野火，就像人與人之間的迷茫狀態可能會引起爆發性的衝突，這些衝突就像火災一樣，會損害路徑上的任何人事物。在這兩極分化而衝突激烈的時代，我們正在經歷社會閃電，我們之間的帶電區域正在爆發，並引發騷亂和隨機暴力行為，其中包括喧騰一時的二〇二一年一月六日美國國會大廈暴動，以及二〇二一年美國發生的六百九十三起槍擊事件。

這一切都表明，我們需要從任何能找到的來源以獲得技能和工具，來鞏固我們的基礎，修復我們之間的道路並尋找新的道路，以超越任何一種觀點的白茫茫視野，並提供彼此足夠的溫暖來解凍科技的包裝。

最緊迫的是，可以安全釋放我們社會帶電區域的強度，作為人際和社會的避雷針是什麼？

風暴如何消散

那麼，風暴到底是如何發展的呢？它們如何減弱和消失？當下降氣流變得比上升氣流更強時，風暴就會開始減弱。然後，雲開始消失，風暴隨著雨勢變小而平息。這指出了一條永恆的靈性法則，亦即：當支撐的力量大於煽動的力量時，無論是什麼形式的風暴，都會開始消散。因為風暴不再持續獲得狀態不穩定的空氣補給。

我們正是以這種方式，透過減少周圍的人和環境的不穩定、透過減少煽動我們的力量，並以真實、腳踏實地的方式解決風暴核心的問題，來平息個人、人際和社會方面的風暴。再說一遍，我們並不是第一批面對這些挑戰的人，因此，有無數的智慧來源可以幫助我們讓局勢、自己以及彼此平靜下來。

風暴的神話

風暴存在於地球之外，例如在陽光下爆發的太陽風暴。木星上的大紅斑是一個比地球還大的反氣旋。自伽利略首次發現它以來，已經活躍了至少三百五十六年。這個巨大的風暴是木星大氣層中一處無情的高壓區域。大紅斑證明，如果不解決與緩解引發風暴的高壓，該地區將不可能存在生命。我們現在正生活在社會的高壓地區，如果不緩解這種壓力，我們將無法在地球上共同生活。

但這些都不是什麼新鮮事。自古以來，我們就一直在與貫穿我們生命的風暴力量搏鬥。《聖經》講述了上帝為了消除人類的高壓地區而降下大洪水，諾亞為了生存而建造方舟的故事。人類最古老的敘事《吉爾伽美什史詩》（*Epic of Gilgamesh*）講述了類似的故事，眾神發動一場大洪水，以迫使人類重新開始。當風暴變得太大而難以控制時，無論是個人的內在，還是人與人之間，我們總是被要求重新開始。

每一種文化都有一位令人敬畏又受人祈禱的風暴之神。在希臘神話中，風神埃俄羅斯（Aeolus）是風、強風和暴風雨的守護者。在羅馬傳說中，它是朱庇特（Jupiter）。在日本，它是雷神。在中國，則是雷公。在凱爾特人的方式中，它是塔拉尼斯（Taranis）。在非洲約魯巴人（Yoruba）的傳統中，它是歐雅（Oya）。而這之中最著名的，就是北歐風暴之神索爾（Thor）。

有些文化中的風暴之神既具有破壞性，又帶有益處，這證實了可以藉由引導強大的風暴能量把我們凝聚在一起，而不是讓我們分裂。我們應該怎麼做？本書的其餘部分將探討如何做到這一點。

在埃及神話中，賽特（Set）是災難風暴之神，而荷魯斯（Horus）則是凝聚風暴之神。在印度神話中，因陀羅（Indra）能夠掀起風暴以打破人類的固執，但它也是連結之神。今天，我們面臨著嚴峻的挑戰，需要找到一種凝聚而不是破壞、連結而不是固執己見的方法。

在南美洲的古代馬雅文化中，胡拉坎（Huracan）是風暴之神，這個名字的意思是「單腳的」（one-legged）。現代用語「hurricane」（颶風）可能與此馬雅名稱同源。但馬雅的風暴神也被稱為U K'ux Kaj，意思是「天空之心」，是馬雅的造物主之一。埃及、印度和馬雅的風暴諸神揭示，如果濫用創造生命的力量，也可以毀滅生命。地球上的每一個靈魂都在創造和毀滅之間反覆做出選擇。這也是一件長遠的工作：平息我們內心和彼此之間的風暴，這樣我們就可以結合，而不是分開生活。

在中世紀的歐洲，有一些被稱為Tempestarii的旅行魔法師。[5]就像美洲原住民部落的薩滿巫師一樣，他們會舉行儀式以引發風暴或驅離風暴。今天的殘酷事實是，我們身邊有更多「旅行魔法師」在我們之間掀起風暴。我們需要的，是重新構想可以消散與平息我們這個時代的風暴的方式。

等待我們的是什麼

「杯子是半滿，還是半空？」這個老問題，可以洞察我們在任何特定的時間裡心態是樂觀還是悲觀。但更深層的回答總是兩者皆然。如果我們想要真正地活著，我們不僅要在光明與黑暗、奇蹟與悲劇之間爭論，我們還要面對兩者、擁抱兩者、接受兩者。因為我們這個時代的重大挑戰是，如何允許我們每天遇到的美麗和破壞同時存在，而不浪費我們的生命能量，忙著從一個跑到另一個。真正的工作是把我們的心打開得夠寬、夠深，以接納兩者，這樣我們就能從生命中的奇蹟汲取力量，來修復生命中的悲劇。這種更深層的修練對於我們如何挺過風暴極為重要。我們如何在自己釀造的這一小杯寧靜中沖淡世界的痛苦？

在面對和駕馭生命中遭遇的風暴時，無論是單獨還是一起行動，我們必須找到並利用那些能幫助我們的資源：

- 學習如何承受我們遇到的風暴，以及如何處理因這些風暴而感到失落的悲傷，同時修復風暴過後可以修復的事物。
- 發現並熟練地掌握一些儀式和修練方法，以消除我們內心和周遭的迷茫與混亂。
- 修復我們自己如風暴般的行為傾向，以防止未來變得如此不穩定而具有破壞性。
- 鞏固並保護我們的根基，以免遭到侵蝕和沖走。

- 共同努力修復無法通行的道路，並尋找或修建新道路。
- 超越任何單一觀點的迷霧，這樣就可以保留我們的深度感知能力。
- 為彼此提供溫暖，以解凍科技的冰冷包裝。
- 打造人際關係和社會避雷針，以安全釋放我們社會帶電區域的強度。
- 更安住在讓我們落地扎根的力量，而非煽動我們的力量。
- 接受在每次風暴爆發之後等待著我們的更廣闊的人生。
- 追尋每次風暴所開闢的道路。
- 臣服於我們經過磨練後所到達的，那個在所有風暴中心等待的寧靜。

本書的目的就是發現這些資源。這樣我們就可以成為我們時代中的旅行魔法師，可以想出各種方法來消散和平息等待著我們的風暴。

生命中的風暴常常在不知不覺中顛覆我們。然而，無論喜歡與否，風暴也是引發轉變的作用力。

可以思索的問題

- 在日記中，描述你遇到的風暴，這場風暴為你清理出了一條意想不到的道路。描述失去那些被風暴清掉的事物的痛苦，以及意外的道路引你走入的新生活。你如何看待這段經歷的這兩個部分？
- 在與朋友或所愛的人談話時，讓每個人描述內心所經歷的一場風暴。是什麼條件形成的？它的發展過程？有人因它的擾亂而受傷嗎？這場風暴讓你對自己有什麼新的認識？

4 仁慈的目的

閱讀尼爾・德格拉斯・泰森①的著作，我才驚訝地發現，我們存在的機會是多麼微乎其微。[1]在星系形成之前，物質和反物質互相吞噬。只有當十億零一個光子（photon）比十億個強子（hadron）持續更久時，剩下的唯一一個原子微粒，才有機會孕育出充滿活力的宇宙。如果這個無法抑制的時刻是往另一個方向發展，就不會出現星系、太陽系或地球了。

如果地球在形成時離太陽更近，海洋就會蒸發。如果地球距離太陽再遠一些，海洋就會結冰。太近或太遠，地球上就不會有生命。就不會有歷史，沒有文明的興衰，也沒有需要屈服或抵抗的。我們就沒有機會出生，沒有機會體驗獨一無二的生命旅程。沒有機會像我與妻子相遇並墜入愛河，我沒有機會幾乎死於癌症，也沒有機會對綿密的護理作業感到疲憊。這一切都不必然會是這樣。這就是為什麼我每天無法抗拒地醒來，不是為了完成任何目標，而是為了滿足這個反覆出現的機會。

宇宙誕生這件事一直縈繞在我心頭：生命的浩瀚最初是如何依賴最微小的正面能量的。然後，我突然想到，這不僅僅是描述宇宙肇始，也是描述持續的創造過程。

①譯者註：Neil deGrasse Tyson，天體物理學家。

了不起的是，藉由一個勝過其他一切的舉動，我們才能身在這裡。而且，這個過程永遠不會結束。這個舉動，每一天都必須活化、重新發揮作用。這就是仁慈的目的：以一個關懷的舉動勝過其他所有的可能性，以便讓生命延續下去。我們面臨的挑戰就是，成為那股正面能量、那顆持續更久的光子，以確保生命有誕生的機會。

物質對反物質的持續開展，是愛對恐懼的永恆開展的物理表現，也可以理解為相互依存對自私自利的開展。每一天，在每一種情況下，我們都被召喚要做出一個能超越一切的舉動：我們被召喚選擇愛而不是恐懼、選擇相互依存而不是自私自利、選擇關懷而不是殘酷，來重新創造宇宙。因此，我們所做的每一件事都很重要。

物質與反物質之間的推與拉是永無止境的作用。二〇一七年九月，伊爾瑪（Irma）颶風摧毀了加勒比海以及美國南部的佛羅里達州、喬治亞州和南卡羅萊納州，就是一個有力的例子。

在二十四小時內，我們看到了人性中的物質和反物質拉扯過程。當五級颶風橫掃加勒比海時，由萬豪酒店（Marriott Hotels）承包的一艘船隻拒絕非酒店客人登船，聖托馬斯島（island of St. Thomas）上的三十五名居民因此受困。儘管船上有一千三百個座位，但這家連鎖酒店拒絕接待非萬豪酒店的客人。萬豪酒店指責聖托馬斯港務局失職。但無論如何，這就是人性中的強子，是恐懼和自私自利滋生殘酷的普遍例子。

一個被滯留在島上的人，柯迪・霍華德（Cody Howard）在臉書上貼文指出：

萬豪酒店剛剛把我們留在聖托馬斯島的碼頭上。船上還有數百個座位，但由於我們沒有預訂萬豪酒店，所以不允許我們上船……有人打電話給執行長，他說酒店不想承擔這個責任……這些人之中的大多數人無處可去，現在我們被困在港口……酒店拒絕對婦女、老人和兒童提供人道援助。[2]

在發生這個殘酷的拒絕行為之後不久，鼓舞人心的關懷光子對抗了自私自利、耗損生命的強子，達美航空431航班正飛離紐約市拉瓜迪亞機場（LaGuardia Airport）。儘管風速已經達到每小時兩百九十公里，431航班仍然飛往波多黎各的聖胡安（San Huan），盡最後的努力載運乘客。

著陸後，飛機立即加油，同時迅速讓最多的乘客登機。回程改編為302航班的飛機開始滑行，等待從聖胡安起飛。此時，颶風的中心仍然位於跑道以東。[3]但颶風的暴風圈正在向西移動，飛機只剩下一個狹窄、沒有風暴的通道可以飛過。

憑藉驚人的決心，飛機在暴風雨中飛過這個狹窄的縫隙，救出了所有能救到的人。達美航空的持續關懷是一種善意的表現，勝過萬豪酒店一敗塗地的殘酷。302號航班、駕駛它的人，以及幫助它起飛和降落的人，在那一天成為維持宇宙運轉的重要一環，就像是物質中的一個離子。

事實上，我們都是光子和強子，是願意給出的善意，也是拒絕給出的恐懼。有趣的是，光子在希臘語中的意思是「光」，而強子在希臘語中的意思是「厚、重」。這證實了許多傳統提出的永恆觀念，即賦予生命的事物是透明而發光的，但耗損生命的事物是不透明而孤立的。

因此，當我們內心清明而誠實地面對自己的挑戰時，我們就夠健康、夠輕鬆，可以愛這個世界到明天。但是，在我們糾結、想要逃避的時候，在我們打壓其他生命來支撐自己的時候，在我們推開其他生命以逃避恐懼的時候，我們便陷入自我崩潰。透過自己的沉重，我們造成了殘酷的局面，並危及地球上的生命。

這一切還有一個更危險的立場——暗中聚集的冷漠和中立。當我們更仔細地觀察物質的構造時，我們看到每個原子都需要一個中子，作為質子和電子之間的穩定力量。然而，有關次原子的殘酷現實是，過量的中子會使原子不穩定，基本上會把次原子拆散。

當我們將上述的理解轉化為人類的旅程時，它警告了我們，過多中立或被動的靈魂，將提供發展的條件，使社會充滿放射性和有毒物質。

對於有毒的冷漠，馬丁・尼莫勒（Martin Niemoller）提出有力的例證。尼莫勒是出生於德國的路德教會牧師，在二戰前雖然抱持反猶太主義觀點，但由於反對德國教堂的納粹化，並因此被關押在集中營，直到一九四五年。出獄後，他對沒有盡全力幫助納粹受害者表示深切遺憾。他因這首詩而聞名：

他們一開始來抓共產黨人，
我沒有說話，因為我不是共產黨員。
接著他們來抓猶太人，
我沒有說話，因為我不是猶太人。
接著他們來抓工會成員，
我沒有說話，因為我不是工會成員。
接著他們來抓天主教徒，
我沒有說話，因為我是新教徒。
接著他們來抓我，
到那時候，已經沒有人可以為我說話了。4

尼莫勒可以視為一個被動的中子，和許多冷漠的德國人一起，促使納粹德國乃至於全世界都爆發了前所未有的暴力行為。

我們終究不是生命的主人，而是透過服務以獲得生命的僕人。無論我們是為了作主還是服務，這會帶來不同的結果。因此，人性真正的健康取決於靈魂的真誠和關懷。

如此微小的行動卻承載著如此重大的意義，這就是信仰的基石。這裡的信仰不是對某種理念或教義的信仰，而是一種根植於內心、能夠驅動行動的信念，召喚我們相信每天能夠提供的一個善舉——即使我們永遠不知道這個善舉是否會成為延續生命的關鍵。這善舉可能是我們衝動地幫助一位老人撿起她在停車場掉落的購物袋，或是陪伴一位情緒失控的人片刻，或是停下來將一隻流浪狗從馬路上移開。

每天都有無數的舉動讓世界繼續運轉，這些都是不知名的舉動，但卻非常重要。所以，下次當你看到冷漠、自私或殘酷時，請用善意和關懷的舉動來反擊。人要成為匿名的光子，這種使生命成為可能的關懷離子，讓生命這段神祕的旅程保持活力。再次戰勝黑暗的選擇。在維持生命持續下去的努力中，還有什麼比勇於不屈不撓、保持善意，這種更高貴、更有意義的事呢？

這就是仁慈的目的：以一個關懷的舉動勝過其他所有的可能性，以便讓生命延續下去。

可以思索的問題

- 在日記中，描述你在一週內目睹的善意時刻，和保留、拒絕付出的時刻。每個舉動如何影響你周圍的生活？
- 在與朋友或所愛的人談話時，講述一件你最近拒絕付出的事，以及讓你從生活中退縮的原因。接著，再講述一件你最近付出關懷的事，以及讓你如此全心投入生活的原因。當你拒絕付出時，會發生什麼事；當你主動關懷時，會發生什麼事？

第二部
找到力量

我們衡量文化的標準，是看整個民族，而不僅僅是個體……在多大程度上努力追求精神上的完整；在日常生活中，大眾能在多大程度上體現內心的深度、同情心、公正和神聖。

——亞伯拉罕・赫舍爾[1]

如果不提高個人的素質，就不可能打造更美好的世界。為此，我們每個人都必須為自己的進步而努力，同時承擔對全人類的共同責任。

——瑪麗・居禮（Marie Curie）[2]

第二章　每條道路都蘊含課題

聖地是一座更大、更荒涼的山丘，路徑常常被生長其上的一切隱藏。

——馬克・尼波

本章探討的內容將幫助我們：

- 接受每次風暴過後，那等待我們的更廣闊的人生。
- 追尋每次風暴所開闢的道路。
- 超越任何宛如置身風暴中，一眼望去只有一片白茫茫的單一觀點，以保留我們的深度感知能力。

今天，和其他時候一樣，關於移民，關於誰屬於、誰不屬於，存在著毫無根據的爭議。但地球上的每個人都是移民。我們每一個人都是從精神體進入肉體形式的移民。我們每個人都是從出生到死亡的移民。無論我們來自哪裡，對哪裡有歸屬感，那裡就是我們的家。接受這段移民般的旅程，並且愛同行的人，塑造了我們。而正是那些我們在失去之餘領悟的道理，讓我們變得堅毅而仁慈。

我知道蘇菲派（Sufi）有一種稱為懇談（sohbet）的做法，強調朋友之間的精神交流，我深受觸動。這種做法不僅僅可以應用在人類之間的友誼，也可以延伸到我們與樹、鳥、海洋深處的友誼；還有我們與真理的草地，與不斷吹拂的愛之風的友誼。如果我們能把未知當成老師，而不是災難，每一段友誼就是通往理解生命的道路。無論受過多少傷，如果我們進入那道路，每一條路都有一個會幫助我們重新認識生命本質的課題。

經驗告訴我們，任何一個故事的價值，在於它如何揭示生命的活力和人際關係的真諦。因為每個人的生命都是一則神話，其中的智慧就等待我們去挖掘自身經歷中所蘊含的真相。本章的內容邀請你，將自己的人生視為一個值得全神貫注的奧祕。

1 一根蠟燭可以點燃很多蠟燭

佛陀有一句發人深省的話：「一根蠟燭可以點燃無數根蠟燭，但這根蠟燭的壽命並不會縮短。」[1]這個比喻說明，當我們真誠地付出時，給出的能力是無窮的。因此，關於真正的仁慈，其奧祕就在於，當我們從內心深處的關懷給出時，我們並沒有被削弱，反而因此充滿活力。

在我的一生中，有很多次我覺得自己已經無力再給出了。但就在這些時候，儘管我已經精疲力盡、所剩無幾，我發現自己無論如何都想嘗試給出。令我驚訝的是，總是還有些念頭湧現，想到我還有什麼可以給出去。在那些時刻我所感受到的力量總是充滿生命力。在那些短暫、強烈而不留餘力的時刻，我成為點燃很多蠟燭的那一根蠟燭。

因此，以下的問題隨之展開：我們如何保持內心獨特的光？我們如何守護內心深處的關懷？我們要如何保持與生命之間的通道暢通，讓我們給出的關懷可以進入這個世界？我們如何讓那獨特而持久的光成為我們的老師？我們如何全心投入獲得那道光的修練，並將那道光傳遞給我們沿途遇到的靈魂？

我一直敬畏的是，當我們有勇氣以真誠的愛面對眼前的挑戰時，原本的黑暗就會開始綻放光亮。人類旅程的其中一部分，就是如何持續運用我們的天賦，將事物重新組合在一起。這種召喚表現在所有的文化中。例如，阿拉伯語的詞彙we'aam，意思是「將破碎的事物重新組裝起來」。希伯來語的片語Tikkun Olam，意思是「你在這裡是為了修復世界」。

這裡有個引人注目的例子。瑪麗・居禮（Marie Curie）出生於波蘭，是一位傑出的科學家，也是第一位獲得諾貝爾獎的女性。事實上，她獲獎兩次，分別是一九〇三年的物理學獎和一九一一年的化學獎。她與丈夫皮耶・居禮（Pierre Curie）合作，他們的發現開創了輻射的用途，可以作為醫學成像的手段，以及最終發展成癌症的治療方法。

一旦看到某種事物的內在價值，瑪麗・居禮就會不遺餘力地充分利用它。她不知疲倦地幫助第一次世界大戰前線的傷者，更是一個激勵人心的例子。一開始，她試圖捐出諾貝爾獎的金質獎章來支持戰爭，她說：「我要放棄我所擁有的一點點金子，並加上這個對我來說毫無用處的科學獎章。」[2]

但法國國家銀行拒絕了。她繼續努力，並開發移動式的放射成像設備，並與她十七歲的女兒艾琳（Irene）一起冒險前往前線，為受傷的士兵進行X光檢查。她持續訓練助手操作二十多部移動式設備，到戰爭結束時，挽救了超過一百萬人的生命。

然而，就像諾貝爾（Alfred Nobel）發現炸藥一樣，瑪麗・居禮發現的鐳和輻射效應，既帶來了有益的突破，也帶來了毀滅性的誤用。在瑪麗・居禮過世後，原子分裂導致核彈的發明，與核反應堆的不當使用。我們只能想像，如果她還活著，會對一九四五年廣島和長崎原爆災難，以及一九八六年車諾比核電廠事故有何反應。但是，多年來，透過醫學成像以及精確使用輻射來消除腫瘤，已經治療與挽救了無數的生命，算是抵消了破壞。

然而，儘管瑪麗．居禮才華橫溢、成就斐然，但我最欽佩的是，她帶著平靜的勇氣到戰場上為士兵進行X光檢查，以避免不必要的截肢。瑪麗．居禮是一根照亮許多人的蠟燭。

令人悲傷的是，就像伊卡洛斯①一樣，他的翅膀因飛得太靠近太陽而融化了，皮耶和瑪麗都因數十年暴露在輻射下而患有潛在的疾病，但兩人都沒有察覺。或許，這是諸神對他們在如此根本的層面觸及生命所要求付出的代價。就像普羅米修斯②一樣，為了提供我們另一種形式的火，可能註定要活在持續的痛苦中。

在人生旅程中，我們都在與那些壓抑我們向他人表達善意的各種保留天人交戰。因此，另一個

①譯者註：Icarus，希臘神話中的人物，希臘建築師兼發明家戴達羅斯（Daedalus）替克里特島國王米諾斯（Minos）建造一座路線設計非常巧妙的迷宮，用來關住米諾斯那個牛頭人身的兒子米諾陶洛斯（Minotaurus）。但國王擔心迷宮的祕密走漏，於是下令將戴達羅斯和他的兒子伊卡洛斯一同關進那座迷宮裡高高的塔樓，以防他們逃脫。為了逃出，戴達羅斯設計了飛行翼。然而，飛行翼是以蠟結合鳥羽製成，不能耐高熱，戴達羅斯指示伊卡洛斯不要飛得太低也不要飛得太高，以免海水的潮溼堵塞他的翅膀或太陽的熱量將它們融化。年輕的伊卡洛斯因初次飛行所帶來的喜悅感受，無視父親的警告，越飛越高，因太接近太陽而使蠟翼融化，從天上掉進海裡溺死。

②譯者註：Prometheus，希臘神話中的人物，普羅米修斯屬於泰坦神族，他服從眾神之父宙斯的統治。在一次動物祭祀中，他為人民保留可食用的肉。憤怒的宙斯拒絕凡人擁有火種，作為懲罰。普羅米修斯從眾神那裡偷來火種，並將其帶給了人類。因此，他奉宙斯之命，在高加索山脈的荒原上受罰。一隻老鷹定期拜訪他並啄食他的肝臟。很久以後，英雄海克力斯（Hercules）用箭射死了老鷹，才將他從這種折磨中解救出來。

問題出現了：是什麼因素讓我們有時給出，有時保留？想想同一年出生的歌劇巨匠朱塞佩・威爾第（Giuseppe Verdi）和理查・華格納（Richard Wagner）。威爾第是心胸寬大的好人，而華格納則以自我為中心，被永不滿足的小我（ego）所驅使。在他們的事業巔峰期，威爾第為了回報那些為他的歌劇付出過心力的人，投資並建造一所養老院；而華格納則建造了一座華麗的劇院作為自己的豪宅。

正如黑暗可以遮蔽光明，剛硬的心也可以削弱仁慈，這似乎是無可反駁的靈性法則。正如光可以進入黑暗，並從內部讓黑暗消散，仁慈可以讓剛硬的心軟化回歸到愛。每一天，光明與黑暗的相遇都在提醒我們這一點。而且不是一次，而是兩次——日出和日落時。宇宙每天的開始與結束都在提醒我們：我們每天都有這樣的選擇。每一次剛硬與仁慈相遇時，可能是黎明，也可能是黃昏。每天都有這些選擇：敞開或封閉、軟化或硬化、給出或保留。

我們有時苛刻，有時慷慨給出，而且明白：我們被賦予的天賦可以改變一切。雖然將自己視為光源可能會讓人筋疲力盡，但作為光的載體，可以使人充滿活力。對我來說，我仍然相信，無論面臨什麼風暴，人性之花都會破土而出，因為我們被賦予的使命是多付出一次而不是多索取一次。多年來我發現，快樂就在工作中，在過程中，在表達我們的關懷中。無論我們多麼憤世嫉俗或充滿希望，我們都不能假裝知道結果。因為這個過程才是我們的老師。

我們只需要從自然中尋找我們的榜樣即可。正如春天每年因授粉的奇蹟而到來，仁慈也為人類授粉。每一個全心投入的舉動，就能在充滿生命力的宇宙中縫合一道裂痕。智慧是由我們共同的人性編織而成的，一次給出，就是縫合一道裂痕。

持續運用我們的天賦，將事物重新組合在一起。

可以思索的問題

- 在日記中，先描述你的心變得剛硬，然後再描述你的心變得柔軟的時刻。是什麼因素導致這些狀況？關於如何拿捏給出和保留，這些經驗帶來什麼啟發？
- 在與朋友或所愛的人談話時，講述一位你讚賞的人的事蹟，這個人曾經是一根照亮了許多人的蠟燭。是什麼優勢和天賦，使他們能夠如此願意給出？

2 從所知中成長

教育……不僅是傳遞文化，還要提供另類的世界觀，以及增強人們探索這些另類世界觀的意志。

——傑羅姆．布魯納（Jerome Bruner）

縱觀人類歷史，關於教育，一直有兩種主要的思想流派：確認和保存我們已知的事，以及發展我們所知的事。我們跟隨心中等待的那道真理之光，從確認已知轉向發展所知。因此，需要反覆詰問的核心問題是：我是否在藉由看、聽、寫、畫、思考、感覺、愛、存在、行動，來確認我已知的事，並持續成長？

基本上，知識就像火苗。它可以成為一種持久的元素，在驅散黑暗的同時照亮我們、溫暖我們。或者，如果不小心謹慎地傳播，就會毀掉它所接觸到的一切。區別往往在於，我們是否懷著敬畏之心對待知識。

我們越沒有安全感或失去平衡，我們就越會向外努力，讓所有人事物都反映出我們內在的狀態。這種不安全感通常是一種提醒，告訴我們深入挖掘自身的經驗，以恢復我們與生命本質的直接連結。我們內在的穩定性或缺乏穩定性，會引發一種心理—精神形式的因果關係。越是缺乏安全感，我們就越需要將自己的觀點強加於每一件事、每一個人身上。而越有安全感，就越能騰出空間接納他人的觀點。

那麼，我們如何準備好充分體驗這個錯綜複雜、相互連結的生命之網呢？這喚起了生而為人的修練，它不是告訴人們如何存在於這個世界上，而是鼓勵每個人全心投入於洞察並安住在自己的旅程中，在跌倒時站起來，在絕望中振作起來，在害怕時找回安全感，以及在因為痛苦或創傷失去安全感後，再次打開心扉。

出生於美國的錫克教徒薇拉瑞・考爾在充滿智慧與愛的書《不看陌生人》[1]中，分享了她的祖父吉爸爸（Papa Ji）如何不斷培養她的好奇心。[2]這種對生命古老而永恆的開放態度，是所有形式的韌性與適應力的核心，並需要將其恢復為持久教育的基石。保持全心全意，我們就能接近生命的奇蹟，這將幫助我們挺過現代世界的各種侵擾，而這些侵擾根源於人心的恐懼和自我保護。我堅信，所有教育的功能與目標一直都是教人：比別人索取的多給出一次、比跌倒多站起來一次、比生命風暴封閉我們的心靈多敞開心扉一次。

儘管我們付出了很多努力和意志，我們終究會被經歷磨練到一個共同的、基本的渴望之下，這個渴望潛藏在我們所有的願望和抱負之下。這個基本的渴望只是單純地活著，盡可能地充滿活力，除了呼吸和歌唱之外，沒有任何夢想。即使在經歷艱難、充滿挑戰的時期，即使受到傷害和感到困惑時，我們只剩下純粹而深刻的氣力，從我們人類所知的名字中，大聲吶喊出無法名狀的事物——生命的源頭——無論你稱其為上帝、生命力、神祕的自然力量，還是我們為賦予我們生命的事物提供的數千個名稱中的任何一個。我們謙卑地像溫柔的動物一樣呼吸和歌唱，慶幸身在這裡，在與彼此的靈魂親族關係中活著。

一次又一次，愛與痛苦打破了單一思維造成的迷惑。然後，我們意識到，正如愛因斯坦所確認的，其實世界存在著許多中心，而這些中心的連結揭示了一種維繫所有生命的一體性（Oneness）。我們透過徹底做自己來參與這種一體性，這會引導我們進入改變生命的時刻，在這些時刻中，我們和彼此，也和所有的存在，合而為一。在我們合而為一之前，先做自己，這對建立關係而言是矛盾的，卻是真理。這些時刻包括我父親在醫院病床上凝視著永恆、已經無法說話時，我握住他的手。或者二十五年前，當我和妻子蘇珊（Susan）第一次對望的時候。或者當我從手術中醒來，所有的偽裝都被剝奪了的時候。或者當喬治（George）和我站在太平洋邊的懸崖上，感受自古以來就吹著的風，讓我們的身體像旗幟般晃動的時候。

事實上，我們每個人所進行的心靈任務比以往任何時候都更重要。因為我們每一次的全心投入與真誠的行為，都讓我們的心靈保持活力。每當我們傾聽並關懷他人時，我們就是在編織生命之網。因為擁抱、傾聽，以及充滿問題的生命和故事，是將世界連在一起的、幾乎看不見的線。每次你擁抱或被擁抱時，每次你提出問題或講故事時，每次你真正聆聽問題或故事時，你就是在編織或修復將世界連在一起的網。

因此，如果我有所忠誠的話，那對象必然是：用心去迎接每一件事。我會試著毫不保留。就像鳶尾花抖掉泥土迎接世界一樣，我從內而外地成長，首先形成的是花蜜。因為由內而外地活就是心靈教育我們的方式，直到我們充滿活力，完全活在當下。經驗一次又一次地證實，心靈是引領我們度過許多生命浪潮的核心力量。

無論遇到什麼處境，我們一再被召喚要敞開心扉，如此一來，更深層且所向披靡的生命浪潮就能洗淨我們內心的沉澱，直到我們恢復對萬物的愛。我們每天都必須這樣做。因為只有不斷地敞開心扉，生命才能找到自己，並透過你我，以及世界上的所有元素來更新自己。

走到現在，我只能說，我是屬於相信生命中的一切都是互相連結的一族。我怎麼知道的？我無法表達得很清楚。我只知道，透過內心的徹底真誠，我持續體驗到萬物的一體性，這使我充滿活力並增強力量。問題在於：在萬物的一體性中，我們如何參與其中？對我來說，一切總是從真實、真誠和誠實開始，這能打開我的心。懷著一顆開放的心，我可以接觸到宇宙的資源，無論時間多麼短暫。用我的頭腦，我可以領會一體性，但透過我的心靈，我可以安住在一體性。

由內而外地活就是心靈教育我們的方式，直到我們充滿活力，完全活在當下。

可以思索的問題

- 在日記中，描述你努力確認你其實已知的事，以及促使你這樣做的原因。並描述你努力增加你的知識，以及促使你這樣做的原因。
- 在與朋友或所愛的人談話時，討論你的奇妙經歷。描述你第一次遇到奇蹟般的事件時，以及是什麼原因讓你逐漸遠離了這種感覺。

3 你不能只用一隻翅膀飛翔

在他們（智者）的內心深處，都知道這個道理：幫助自己的唯一方法就是幫助別人。

——阿爾伯特・哈伯德（Elbert Hubbard）[1]

錫耶納的凱瑟琳（Catherine of Siena）在修道院度過前半生，被上帝召喚後進入了俗世。[2]她質疑：為什麼？耶穌在超自然的異象中告訴她：「有兩條誡命，愛神，愛人如己。你只做到了第一條。你不能只用一隻腳走路。你也無法只用一隻翅膀飛翔。」於是，她進入俗世，立志成為一個將沉思冥想與實際行動結合起來的沉思者，愛別人身上的上帝和她自己身上的上帝，直到兩種誡命可以互換，直到在一連串消除所有界限的體現時刻中，體驗到愛別人就是愛自己，就是愛上帝。

透過了解自己和熱愛世界，凱瑟琳渴望體驗到不可分割的心靈一體性。印度教聖賢在問候他人時所說的 namaste，指的就是這種心靈一體性。正如拉姆・達斯（Ram Dass）所解釋的：

在印度，當我們見面和分開時，我們經常說 Namaste，意思是：我向你內在那整個宇宙所在的地方致敬；我向你內在充滿愛、光明、真理、和平的地方致敬。我尊重你內在的那個地方，如果你在你內在的那個地方，我在我內在的那個地方，那麼我們就是一體……Namaste。

內在世界的保證就是，在人與人之間，精神的交流會毫無限制與偏好地將我們連結在一起——這可以被描述為「慷慨」（generosity），它來自希臘語的plerosis，意思是「移向所有方向的圓滿」。當我們彼此真心相愛時，我們就是在汲取移向所有方向的圓滿。

當然，生而為人，而且生活在地球上，我們容易受到許多分心和干擾的影響。因此，我們必須保持堅定的意志，一次又一次地找到並汲取那個移向所有方向的圓滿。

「重複」（repeat）這個詞的原始涵義來自中古時代晚期的英語，意思是「再次尋求」（to seek again）。這是我們一生的練習：一次又一次地尋求在我們之間的精神交流。

如果靈魂是一扇窗戶，我們如何保持窗戶的清潔呢？如何才能讓心靈之窗保持敞開呢？我們如何能在向外探索的同時，仍然保有內在的平靜？我們又如何完全安住在生活中？

另一個理解這個一生練習的方式是，不要專注於尋找事物，而是尋求如何透過真誠地展現自我，來與他人的靈魂建立連結。基本上，為了看，我們要學會打開眼睛。為了愛，我們要學會敞開心扉。修習內在工作的誓言是打開眼睛和心扉。服務他人的誓願就是去看與愛。如果我們從不去看，打開眼睛又有什麼好處？如果我們從不去愛，打開心扉又有什麼好處？

三個觀點

我想探討三個觀點，可以說明我們如何活在錫耶納的凱瑟琳被召喚的心靈一體性中。

第一個觀點來自威廉・斯塔福（William Stafford），他是美國西北方的傳奇詩人，當代偉大詩人娜歐米・謝哈布・奈（Naomi Shihab Nye）的導師。

斯塔福說：

如果你不知道我是什麼樣的人
而我不知道你是什麼樣的人
別人創造的模式可能會在世界上流行
如果跟隨錯誤的神回家，我們可能會錯過彼此的星星。3

詩人指的是，我們如何透過真誠來互相調和。如果我不花時間接近你身上珍貴的特質，你也不靠近我，那麼我們就沒有機會汲取移向所有方向的圓滿。我們會錯過彼此的星星，因為當我們不去追求真誠和珍貴時，我們就會對彼此和眼前的生活封閉我們的心。然後，就像水會填滿洞一樣，其他的事物也會填滿我們。「別人創造的模式可能會在世界上流行」，我們就會被誘導去跟隨錯誤的神回家。

第二個觀點講述了當我們迷失方向時，我們如何在迷失的時刻被喚醒，並記得這一生的旅程是多麼難得。在這個轉化的時刻被稱為中年危機之前，但丁（Dante）在《神曲》（*The Divine Comedy*）中深刻地描述了這一點。他在《神曲》寫道：

> 在我們註定的生活方式中，
> 我醒來發現身處黑暗的樹林，
> 正確的道路已完全迷失。4

整部《神曲》就是在這種黑暗的迷茫中開場。在談到這個原型的段落時，約瑟夫·坎貝爾（Joseph Campbell）說道：

> 很多人都會遇到這樣的情況：我們工作非常努力，然後建造了一座梯子。接著我們把梯子靠在牆上。然後我們開始攀登。大約在人生的中途，我們意識到這是一堵錯誤的牆，事實上，也許我們甚至不需要爬梯子。也許我們需要的是坐船出海。或者也許我們只是需要爬下

來。

身處世界的各種流行模式之下，所謂完全活著的狀態，並不是追求卓越，而是建立連結。完整比完美更重要。是的，我希望在寫作或說話時能把事情說清楚。我努力讓從我心中流露出來的內容真實動人。但是，比起完全不說，粗略地說出真相更為重要。

那麼，為什麼我們如此輕易地遠離我們的星星，而追隨一個錯誤的神回家？我想是因為當道路變得崎嶇難走時，我們就會誤解人類的旅程。我認為我們很容易以為，我們知道自己想要什麼和需要什麼。但是，當經驗阻礙我們、並重新安排我們的人生時，我們想要什麼、需要什麼，以及我們要去哪裡，就不那麼清楚了。儘管我們懷抱所有的夢想和計畫，我們還是要面對生活，儘管我們渴望的這麼多，但我們往往接近、錯過並失敗，最後才發現，在地球上身為一個靈性的存在是多麼難得。

在我們所有的人生規劃中，為了知道來到人世間的意義是什麼，以及如何充分完整地活著，我們被要求做出無數的決定。一路走來，我們不斷地因為所有追求的目標、世界上流行的所有模式，以及我們所依賴的神靈而分心。事實上，我們的夢想和策略讓我們產生一種錯覺，以為我們應該讓事情按計畫進行。但在人生的旅程中，命運並非預先註定。

偉大的印度教聖人拉馬納·馬哈希（Ramana Maharshi）曾說：「人生最大的矛盾是，我們不斷尋求真實，但我們自己其實就是真實。」這並不意謂我們不應該成為（become）或到達（reach）。矛盾的是，到達是通往更深刻的存在形式的一種手段，正是因為隨著時間的流逝，我們會因所追求的目標而受傷——這是旅程的重要部分。然而，我們過於專注於我們所追求的目標，往往錯過途中學到的教訓，並將每次未能達到的目標視為自己的不足。

第三個觀點來自芭蕉，一六〇〇年代偉大的日本詩人，他使俳句成為有意義的文學形式。芭蕉在他的一首發人深省的俳句中說：

寺廟的鐘聲停止了
但聲音仍不斷
從花朵中傳來

芭蕉告訴我們，如果我們不斷朝向珍貴的事物邁進，我們將觸及那超越最初所聽見之聲的心靈合一境界。當鐘聲在敲響後，雖然漸漸聽不見了，但震動的餘波仍存在於空氣中，只是被寂靜掩蓋了。這並不意味著聲音消失，只是我們沒有聽到它的能力。然而，當我們以開放的心態接近珍貴的事物時，我們能感受到那些將生命和我們連結在一起的無形音調。

例如，你可以說我父親生命的鐘聲已經停止了，因為他已經去世了。然而，我開始感受到的，是他生命的聲音從花朵中傳出，進入更深層次的臨在，而我也被要求以某種方式保持開放的心態去接納它。因為我仍然愛他，所以我開始在把一切連結在一起的音調中聽到他。

我們總是被心靈捕捉的許多線索引導著，如果我們夠開放到挺身走向這些線索，就能超越我們的意識認知。總有一位老師就在不遠處，要求我們進一步探索未知。

挺身進入生活

我們被不斷召喚著要認識自己，要愛這個世界，在我們汲取向所有方向移動的圓滿時，努力體驗不可分割的心靈一體性。這就是覺醒與心靈的全然開放。

那麼，勇氣就是不斷地挺進生活。因為環境的風暴會把我們拋離我們所珍愛的事物。就其本質而言，困難與挑戰會撞擊我們，並傷害我們。並非因為生命是邪惡的，而是因為，就像海洋中的波浪，水流會推動我們來回移動。但是，如果我們帶著關懷與真實的決心，不斷朝著珍愛的事物前進，那麼我們就幾乎比任何可能發生的傷害都更強大、更具有韌性。

一個令人振奮的方法是，當心封閉時，我們必須發誓將心打開。當陷入停滯和崩潰時，我們必須幫助彼此重新挺進生活，並承擔說「好」的風險。那麼，我們深知明天有更多障礙和風暴會阻擋或提升我們，如何在這個過程中聚集力量？

當我覺得自己很渺小的時候，就必須壯大自己。當我感到無法信任時，就必須冒險再次去相信。當我不知道怎麼辦時，就必須尋求幫助。即使我們已經遍體鱗傷、充滿恐懼，當我們能夠繼續對生活說「好」時，這就是我們每個人通往內在自由、開啟心扉的漫長道路。

當我們彼此真心相愛時，我們就是在汲取移向所有方向的圓滿。

可以思索的問題

- 在日記中，描述因愛和關懷他人，而使你更接近自己一部分本性的經歷。
- 在與朋友或所愛的人談話時，描述你挺進生活的方式。是什麼因素吸引你的靈魂深入這個世界？

4 關於真我[1]

當我年輕時，體驗真我（True Self）是衡量自己是否真誠和完整的方式。我是否實踐了自己的價值觀？跌倒後，我能否持續回歸到重要的事情上？這仍然是一項有用且永無止境的修練。但隨著時間的流逝，我開始更加了解真我的本質，以及它與更浩瀚的宇宙的關係。

每天檢視自己的誠信固然重要，但就像每天確認溫度計以得知氣溫一樣，對我們更深入了解天氣及其模式沒有什麼幫助。累積足夠的經驗之後，我開始思考形成生命洪流的更多脈絡，而「真我」也從中湧現。

為了探究這個問題，我們必須先問：「真我」是指什麼？是什麼意思？在我們每天追求一致性和真實性時，是否存在著自我認知和真理的常識？

人類擁有一個帶著某種精神體形式的自我，其實與人性之間存在著一種核心的矛盾。因為身為人類，我們的存在（being）是無限制的、無邊際的，但人性（humanness）卻是有限制、有界限的。因此，我們內心常常有一種矛盾的緊張感，彷彿一邊在飛翔，一邊在艱難跋涉。我們的存在像鷹一樣在空中飛翔，對地面狀況一無所知，但鷹可以俯瞰地形，在所有障礙上方滑行而過。我們的人性則像馬一樣，必須跨過在路上遇到的一切事物。馬一路艱苦前進，一次一步，必須越過路上的一切障礙。

所以，鷹一樣的精神體可以瞬間看到我們要去的地方，而且可以直接飛到那裡，但我們內心裡馬一樣的人性必須繞過倒下的樹，並重建橋梁才能過河。我們一直不斷承受著人性與存在之間的緊張關係。真我的作用就是將我們的人性與存在和諧地拴在一起，這樣兩者就可以一起運作。

我們都在經歷這樣的神祕過程：精神體棲息於身體中，在地球上過完一生。所有的傳統都試圖為這個過程命名，就像不同海岸的朝聖者為他們在晚上看到的同一個星座起不同的名字一樣。但如同它的永恆不變，生命的神祕過程仍然是難以說明的。[2]

在各種傳統提供的眾多名稱和框架中，從印度教的世界觀描述我們漫長的時間之旅開始是有幫助的。有一個古老的三位一體永恆力量，稱為梵天、毘溼奴和溼婆。梵天是無法抑制、持續的生命力，賦予一切事物生命。毗濕奴代表承載這生命力的各種形式，這些形式千變萬化。由於生命力會永遠存在，但各種形式最後會消亡，濕婆是使這些形式解體的轉化力量，如此一來，永恆的生命力就可以回到沒有形式的梵天領域，並在那裡重新開始這個過程。

沒有人能夠逃避這項靈性事實：地球上的每一種生命形式會存在，而且最後都會消失。因此，我們每個人都是一個容器，容納著我們生來就攜帶的那一部分宇宙精神體（Universal Spirit）。再次說明，印度教專有名詞 namaste 的意思，就是「我向存在於你內在的那部分宇宙精神體致敬。」①在西方，我們將存在於我們內在的那部分宇宙精神體稱為靈魂。

那麼，核心問題就是：你會盡你所能，在盡可能長久的時間裡，成為你有幸在生命容器中攜帶的那部分宇宙精神體的好管家嗎？成為你靈魂的好管家是什麼意思？對你個人來說，成為你所攜帶的光的好管家，看起來是什麼樣子？

因此，如果自我（Self）是一個承載著我們那部分宇宙精神體以穿越時間的容器，那麼真我就是一艘堅固的船艦，可以依靠它來幫助我們渡過生命之海。如果使用得當，小我就是舵或方向盤那樣的轉向裝置。當我們要求小我超越其本分時，就會出現問題。你不會問方向盤要去哪裡，是你指揮它。同樣的，你不是問你的小我要去哪裡，而是諮詢你的心和精神體要去哪裡。然後，你可以徵召你的小我正確地跟隨你的召喚，而不是帶領它。

多年來，有關真我的本質，提供我們指引的人，包括蘇菲派詩人魯米（Rumi）、卡比爾（Kabir）和哈菲茲（Hafiz），以及心理學領域的卓越人物卡爾・榮格（Carl Jung）與卡爾・羅傑斯（Carl Rogers）。我也在華特・惠特曼（Walt Whitman）的長詩〈自我之歌〉（Song of Myself）中找到了強大的基礎力量。在與宇宙史詩般的對話中，惠特曼透過不斷調整他與所有生物的關係，來發展他自己的真我概念。有個很好的自我探究練習，就是記錄你在閱讀〈自我之歌〉的過程中，對它的五十七個章節中的每一章所做出的回應，就好像你正在與惠特曼進行一場漫長的對話。

雖然檢視我們的品格是衡量是否保持真誠的好方法，但更深入、更持久地實踐與修練真我的方

①譯者註：常見說法為「我內在的神性向你內在的神性致敬。」

法，是覺察與維持我們與周遭的每個人、每件事物的真實關係。在這一點上，把真與假重新定義為完整與局限、片面，是很有用的。當我們忠於真我時，也就是與我們有幸在生命容器攜帶的那部分宇宙精神體保持一致時，我們就是完整而充滿活力的。當與周遭的生活無法保持一致時，我們就會變得局限、片面，並承受著支離破碎的痛苦。回歸真我需要有能力意識到我們的局限和片面的行為或思考模式，這樣我們才能採取必要的措施，來恢復我們的活力和真實性。

精神體有三種我們可以隨時取用、無可反駁的特質，相當於火、水和空氣這三種元素。沉浸在這些特質中，有助於恢復真我。精神體的特質是臨在（presence）、意義（meaning）和關係（relationship），根據每一個精神體特質發展出一種個人的修練方式會很有幫助。

「臨在」使我們能夠恢復對生活的直接體驗。它幫助我們重新感受到來到世上是多麼難得。從那種安住的感覺開始，我們會看得不一樣、聽得不一樣、說得不一樣。一旦記得活著是多麼難得，我們就會做出不同的決定。所有的傳統都有喚起臨在感的修練，也為我們提供恢復直接體驗生活的能力的工具。生而為人，我們會跌倒，會遺忘。我們理解事物的清晰度會像廚房裡的盤子那樣摔碎，而不知道如何將它重新拼湊起來。這就是臨在的作用，當經驗破裂或破壞我們對真我的感覺時，臨在將真我重新組合起來。

然而，雖然沒有直接的體驗就不可能有真實感，但如果我僅僅依靠自己的經驗，我就會變得心胸狹隘和目光短淺。因為生活不只是我個人的經驗。這為我們帶來了「意義」的精神層面，我們可以藉此感受並接受他人的直接體驗與臨在。雖然現代世界會讓你相信，透過智力去理解事物是掌握意義的唯一方法，但感受的更深層次——如包容和聆聽——才是更持久的傳遞意義的方式。因此，意義的作用，就是確保我們的真我對自己以外的生活保持開放的態度。

最後，還有「關係」的精神特質，它編織著連結宇宙萬物的網。萬事萬物都是有關係的。沒有什麼是完全孤立的。如果臨在和意義是電力，那麼關係就是運載這些電力的電線。

我們每個人面臨的挑戰是，各自找出自己與臨在、意義和關係這三種精神體的特質的關聯，只是沒有人能告訴你如何做到。為了維持這三個簡單的誓願，我嘗試的方法就是這樣開始我的每一天：我打開百葉窗讓光線進來；我透過餵養我家的狗來照顧有生命的事物；在我妻子蘇珊起床之前為她煮咖啡，為我所愛的人做一件事。

當我以臨在這項特質做這些小任務時，它們讓我帶著與真我的連結進入這一天，這改變了一切。如果我匆忙完成這些事或我心事重重，這些儀式就會變成習慣而毫無意義。但這是自我覺知的作用。因為當我意識到我已經匆忙完成這些事時，我可以回頭並再次更全心全意地進行。

「儀式」（ritual）這個詞可以追溯到梵文 rta，意思是「可以看見的秩序」，了解這一點很有啟發性。因此，儀式以深刻而意義深遠的方式，使宇宙的秩序變得可以看見。

雖然保持真我的修練和儀式類似於保持工具或儀器的清潔和鋒利，但工具或儀器在用來建造或修理某些事物之前，尚未實現其存在的目的。同樣的，保持我們的真誠和實踐我們的價值觀，可以使真我的工具保持清潔和鋒利。但是，真我只有被充分利用來建立或修復宇宙間的連結，才是真正的完成使命。

我們對愛的嘗試，召喚我們既要關心自己，又要愛他人。因為，在愛他人的過程中，我們面臨的挑戰是忠於自己，並且不隔離他人或淹沒在他們的痛苦中。這是使真我成長的學習機會。因為當我們敏感又關心他人時，往往會失去自我，並成為所愛之人的痛苦來源。或者，我們因感到壓力過大而選擇退避，築起一道圍牆來保護自己。然後，我們嘗試帶著距離去愛他人。從很多方面來說，如果真我受到尊重，它就是通往慈悲的大門。

人際關係的深層連結是磨練真我的練習場。在佛教傳統中，這種磨練體現在菩薩的修行中，菩薩是在經歷接納與平靜時，與那些受苦和困擾的人同行的人；是接受地球上有缺陷的生活，以便與他人一起工作和生活的人。

最近在回顧自己的真我演變過程時，我被吸引寫下了這首詩：

祈禱我會找到

我曾經有很多計畫，好的計畫，
宏偉的計畫。一開始，我會對
沿途遇到的災難感到惱火，

因為這些災難會讓我無法完成自己的計畫。

我曾經為自己能夠如此快速地
回到正軌而感到自豪。但我愛得
越多，就越受苦，我的計畫就越被
那些需要幫助的人打斷。

最後，生命的召喚，出乎意料
且未經排練，讓我的計畫變得
毫無意義。

現在，就像一位被時間脫去衣服的皇帝，
我在沒有計畫的日子裡徘徊，祈禱
在日落之前，我能找到要給出的愛以及
要療癒的痛苦。[3]

保持真實和連結是一段令人謙卑的旅程。我對那些正在路上的人的邀請是：跟隨你的心，這將引導你走上意想不到的道路，也會更接近生命帶給人的甜蜜痛苦感。我年輕的時候，把生命的甜蜜痛苦誤以為是悲傷，並被錯誤地教導要試圖擺脫它，但我做不到。然後，我試圖讓它安靜下來。此舉失敗後，我試圖掩蓋它。在我三十多歲差點死於癌症之後，我意識到，生命的甜蜜痛苦是我最老的朋友。這讓我知道，我仍在這裡，活著。

甜蜜痛苦牽引著連結宇宙萬物的線，其中一條線直接通過我們的心。當我敞開心扉、完全臨在時，我會感受到宇宙的牽引力，然後我就會憶起來到這裡是多麼的難得。甜蜜痛苦總是讓我回到我的真我，這反過來又讓我回到我在所有生命之網中的位置。

在省思真我的概念時，我為你們留下我的另一首詩，我透過它知道自己走在正確的道路上：

詩的時刻

當生命的甜蜜痛苦，
嵌在你現在的自己
與未來的自己之間，
被喚醒時，
與這一刻為友。

它將會指引你。
它的甜蜜讓你停下腳步。
它的痛苦則讓你前進。[4]

真我的作用就是將我們的人性與存在仁慈地拴在一起，這樣兩者就可以一起運作。

可以思索的問題

- 在日記中，描述你對真我的感覺，以及你與真我接觸和脫離的歷史。
- 在與朋友或所愛的人談話時，描述你第一次意識到自己擁有真我的情況，以及你是如何知道它的。

5 覺知的日常工作

無論我們身在何處，我們花了太多時間在預期接下來會發生什麼事，以至於常常錯過來自靈魂的低語。儘管我已經了解並熬過了許多形式的快樂和痛苦，但恐懼是我心中的巨魔，令我預期著更多的痛苦。就像喧鬧的噪音阻止我們在全然的寂靜中找到平靜，恐懼也阻止我們在所處當下的每個瞬間找到喜樂。然而，無論我經歷了多少，學到了多少，我都無法阻止令人恐懼的預期心理如浪潮般襲來。沒有人可以。這是生而為人的一部分。

但我可以時不時調整恐懼的大小。當我全心投入於學習，或關心他人，或全神貫注於我所相信的生命奧祕的時刻，在這些出口中，令人恐懼的預期心理會鬆懈下來，而且我完全臨在，至少有一段時間臨在。真實性的修練就是建立在這些時刻之上，直到它們拓展並豐富我們的生活。

我記得在我的癌症之旅中，我的靜脈因打太多針而變得脆弱，護理師在為我的化療進行靜脈注射時遇到困難。她已經嘗試了五次，但沒有成功。我滿頭大汗，害怕再一次嘗試，每一次都失敗。然後，我親愛的朋友羅伯特（Robert）把手放在我的前臂上，揉搓著那些針孔。他的觸摸打斷了我預期注射失敗的恐懼心理。我開始哭泣。當他揉搓我的手臂時，護理師又嘗試了一次。

從那時起，我就用觸摸和關懷來打斷恐懼。觸摸比言語更能將我們帶入每一個當下的平靜之境。在那裡，時間包容了所有的掙扎，我們就像一艘破損的木筏被洶湧的海面托起。

我知道，這些年來，當我們害怕死亡時，我們就會把恐懼傾注到最近發生的事情上，例如去看牙醫，或晚上突然聽到一聲巨響。我們害怕生活，猶豫不決，彷彿下一刻就會摔下懸崖。但當我掙脫了我的小心翼翼時，無論我身在何處，我都幸福地活著。然後，最接近我的生命之光——例如一隻藍色知更鳥正在築巢，或者隔壁的孩子正在學走路——會劃破那總是掩蓋我們對當下的真實體驗的噪音。當我害怕時，我會閉上眼睛，然後睜開眼睛並想起生活是真實的。克服閉上眼睛的痛苦，並承擔打開眼睛的煎熬，是覺知的日常功課，沒有人可以免除。

有一個這樣的時刻。那是肺炎疫情大流行的第一年。五月初。妻子蘇珊的工作室後面的蘋果花正值開花期，垂下枝條的櫻花也變成了粉紅色。我們在露天平台上喝咖啡，臉龐沐浴在陽光下。一切都是如此平和、安靜，我們因而暫時忘記了地球正遭受疾病困擾。儘管如此，所有的事情都是真實的，所有的事情都同時在發生。當我沐浴在清晨的曙光時，有人正在嚥下最後一口氣。當我與一陣恐懼搏鬥時，一對情侶正在第一次做愛。當一千件事分崩離析時，另一千件事又聚集在一起。這種深奧的、不可思議的，如潮起潮落般的對應，是宇宙持續運轉的動力。

有種無法避免的感覺，我越是無法去任何地方，我的心就越是開始到處旅行——穿越全球，在歷史中來回穿梭。當我的臉在陽光下時，我開始想起，在倫敦的一條鵝卵石街道上，一個女兒抱著她的父親，當時他正因黑死病而瀕臨死亡。黑死病是被行經絲綢路的一輛馬車裡的囓齒動物帶到歐洲的，它爬上一艘橫渡大海前往英國的輪船。不過，法國國王腓力六世發誓，是一三四五年三顆行星的合相而引發了瘟疫。

當我的狗在我面前扔下一顆球時，我很快就從中世紀回神。柵欄上的陽光是金色的，我思考著金子如何在火中熔化，直到它軟到可以被彎曲與塑型。同樣的，一生中似乎需要經歷很多苦難，才能讓我們變得柔軟，讓所有的生活都能過下去。我希望情況會有所不同。當然，美麗、驚奇和愛可以讓我們敞開心扉。我的狗又咬著球回來了。當時，我想在生活的其他時刻趕上之前，讓自己迷失在與狗兒玩投擲遊戲的春日時光裡。

我們在塵世間的使命有三重。首先，就像一座堅韌不拔地迎接天災的山峰，我們被召喚去面對時間帶來的磨損，這樣我們才能省思與承受時間揭示的真相。有人說，這是無為。如果是這樣，這就是一種崇高的無為，因為隨著時間的流逝，它將會揭示一切。

其次，就像一條不屈不撓地流向大海的河流，我們被召喚將真理帶進世界。有人說，這是我們對公義的警覺。如果是這樣，這就是一種崇高的行為，因為隨著時間的流逝，它將會榮耀一切。

第三，就像一個不知疲倦的探索者，在最小的鵝卵石中找到上帝，我們被召喚去關心路上遇到的一切。有人說，這是不可能的。果真如此，這就是最崇高的使命——像山一樣屹立不動，像河川一樣奔流四方，直到我們用有些人稱為愛的渺小力量，把微不足道變成至關重要。

克服閉上眼睛的痛苦，並承擔打開眼睛的煎熬，是覺知的日常功課，沒有人可以免除。

可以思索的問題

- 在日記中，描述一次你對痛苦或恐懼的預期，使你無法聽到正在等待你的、來自靈魂的低語。將這次經歷作為個人案例研究，並詳細說明發生了什麼事，以及下次你可能會採取哪些不同的做法。
- 在與朋友或所愛的人談話時，描述一次被擁抱或傾聽，減輕你的恐懼或平息你的痛苦的經歷。這是怎麼發生的？這件事你可以感謝誰？你可以如何為別人提供同樣的心靈慰藉？

6 基進：追求並回歸事物的內在本質

花的命運是綻放
而人類的命運
是成長為我們的愛。

——馬克・尼波

被認為基進的人通常與提倡徹底的社會或政治改革有關。然而，最初被視為基進的事，隨著時間的經過，最後通常會被認為是基本的。這讓我們想到基進（radical）這個字的字源來自拉丁語的*radicalis*，具有更深刻、更強烈的意義，意思是「固有的，形成根基的」。

在植物界，基進的意思是「回歸根部」。尊重（respect）這個字的意思是「再看一遍」。因此，基進的尊重（radical respect）意謂著「睜開眼睛回到事物的根源」。從最深的意義上來說，基進並不是急於脫離常態，而是追求並回歸事物的內在本質。這說明了一些對於生存來說至關重要的事情。

偉大的猶太神學家亞伯拉罕・赫舍爾將驚奇視為一種基進的驚訝狀態，並將這種真實意識的情緒，描述為永遠潛藏於我們想要用理性來掌控一切的渴望之下：

當我們與存在面對面時，我們意識到能夠用兩種能力來看待世界：理性和驚奇。透過前者，我們試圖解釋或使世界適應我們的概念，透過後者，我們試圖使我們的心智適應世界。[1]

偉大的愛爾蘭詩人威廉・巴特勒・葉慈（William Butler Yeats）以類似的方式談到，我們因所有抱負而感到筋疲力盡，進入為了存在而存在的那一刻，這是一種基進的純真形式：

考慮到所有的仇恨被驅逐後，
靈魂恢復了徹底的純真，
最後學會了自我愉悅、
自我撫慰、自我警醒，
而它自己的美好意志就是天堂的意志。[2]

基進的尊重、驚奇和純真，絕非叛逆或對立，而是真實的精神契約，使我們與彼此以及宇宙保持連結。

所以，我邀請你以一種基進的方式在世界上行走——帶著尊重、驚奇和純真。你如何以非常個人的方式睜開眼睛回到事物的根源？你如何打開你真實覺知的情緒來與驚奇為友？你如何看穿所有的慾望，安於只為了存在而存在？這些不是單一的任務，而是相當於呼吸般的持續努力。為了充分地活著，發展這些內在能力是非常重要的事。

那麼，如此根本的事物其根源是什麼？我們要回歸的更大秩序是什麼？基進的尊重、驚奇和純真，會把我們帶到哪裡？

我們在世界上的地位，一向取決於透過在崇高而無形的和諧中找到平靜來完善自我。這就是所有傳統所稱的奧祕：允許生命超越我們所理解的事物而展開。

我承認我有偏見。我相信有一種超越我對和諧的理解的和諧。沒有辦法證明什麼才是重要的；只能說，當我們夠平靜、夠開放時，我們可以感覺到周圍正在發揮作用的力量。我們的生命超越了我們的理解範圍。就像墜落中的一塊石頭，感受到正在將其拉近地面的重力。就像一團沙子，感受到海洋將它分散到潮汐中的力量。就像一顆孤獨的心，感受到愛的力量一次次地軟化它。

神祕的是，更大、更基進的秩序，往往在人們的視野之外。在邁向整體性的旅程中，我們需要承受看似混亂的局面，這樣一來，我們可能就會發現，更大的秩序正在我們的認知邊緣等待著。

但生而為人，我們經常退回到熟悉的事物，並把不熟悉的事物合理解釋為毫無意義，而且是危險的。在受到壓力時，我們往往會退回到我們習慣的事物，但是面對一扇我們無法自己打開的門，我們所知的知識或方法，只是一把壞掉的、無法打開門的鑰匙。因此，我們迷失了方向，距離啟示僅三步之遙，而且往往正是這幾步就可以把混亂變為和諧。

基進的尊重、驚奇和純真，幫助我們擺脫較小的秩序，進入更大的秩序——直到自我、他人、世界和上帝合而為一。我們勢必無法獨自做到這件事。我們需要彼此合作來找回我們的根源。這就是神強迫我們進入關係的方式。

事實是，並沒有「他人」這回事。我們在分界線對面看到的是我們自己。我們創造了讓我們受苦的制度，以及讓我們躲在後方的圍牆。因此，真正的基進，就是以關懷和尊重的態度去揭露我們共同的人類根源。

在更宏觀的意義來看待彼此的衝突，向來可以讓前行的道路變得更加平順。這就是為什麼藝術如此必要的原因，因為它可以將我們帶回更廣闊的洪流之中，使我們的自大與痛苦縮小到適當的視野。

衝突轉化領域的領導人物之一，約翰・保羅・萊德拉赫（John Paul Lederach）談到，故事、音樂和觸摸一向可以將我們帶出熟悉的框架，進入更廣闊的時間洪流中。[3]他認為藝術的力量讓我們重新回到一體感，從而更新我們對待彼此的方式。一直都是如此。

這讓人想起法國哲學家亨利・柏格森（Henri Bergson），他將時間視為不斷奔騰的河流，總是同時流向任何地方——上游、我們面前和下游。柏格森指出，是我們根據自己的限制來定義時間。由於我們在任何特定時刻只能出現在河邊的某一個地點，因此我們將時間扭曲，並限制為較小的分量（portions），以便更容易理解。因此，我們以自我為中心地宣稱，我們在河邊所在的位置就是現在。從那一點之前的上游，我們稱為過去。從這一點之後的下游，我們稱為未來。事實是，就像時間、精神體和生命力一樣，這條河流同時在所有地方流動。這是我們長久以來都無法理解的事物的一體性。

這不僅僅是有趣而已。因為無論是透過時間、精神體或一體性，擁有理解整體的勇氣讓我們獲得力量和知識，從而大幅影響我們的人生。將時間視為不可分割的水流，使我們能夠聽到那條河流的歌聲，它從未停止唱頌一體性的祕密。藉由任何方式（透過愛或痛苦或結合兩者的藝術）獲得一體性的祕密，是我們內心潛在的力量和承諾。

在美洲原住民的傳統中，時間被視為一個池塘，生活中的所有場景不斷地相互激起漣漪，就像雨滴在湖面激起許多漣漪一樣。[4]

在很多方面，我們與時間和一體性的關係，使我們能夠以開放的眼界回到事物的根源。在很多方面，我們對彼此的愛打開了我們真實覺察的心情，我們透過它重新發現了驚奇。熱情和疲憊幫助我們完成我們想要的一切，直到我們最終達到只為了存在而存在。

這些內在進展是人類回歸史前生活的部分旅程。杜安・埃爾金（Duane Elgin）是一九八一年出版的經典著作《簡樸：二十一世紀生活趨勢》①的作者，他將人類描述為「智人，知道其所知的人」。這一直是一種祝福和詛咒。看起來我們已經完全出發了，但不久之後，為了開創我們的道路，我們在變得更覺知時，也變得更孤立。從此，就開始了矛盾的旅程。在一生中，我們一開始會在無覺知和有意識之間掙扎。然後，這種掙扎變成保持自我意識（看著自己度過一生）以及保持連結（持續在我們的生活中體現）之間的掙扎。

雖然無覺知意謂對我們周圍的生命之流不曾注意和毫無感覺，但失去自我意識則意謂與生命之流融為一體，就像鳶尾花、蜂鳥或雪猴，我們成為了那個知曉但神聖地活在所知之中的人。透過這種方式，我們使自己的心智適應世界，並透過體現我們被賦予的生命而變得基進。這就是各種傳統中洗禮儀式所象徵的意義：將我們的臉浸入生命之水，然後充滿新生的力量浮出水面。

在阿拉姆語②中，孩子是dawnawhie，指的是「潛力的任何體現或散發」。[5]這再次完美確認，驚奇和精神體的奧祕從我們出生起就與我們同在，並蘊藏在我們孩童般的天性中，我們的挑戰就是永遠不要失去孩童般的天性。

體現（embodiment）的作用從臨在開始。值得注意的是，「責任」（responsibility）一詞的根源

---

①*Voluntary Simplicity*，書名直譯為「自願簡單」。

②譯者註：Aramaic，是閃米特語族（閃族）的一種語言，與希伯來語和阿拉伯語同屬一個語族。

是「我們的回應能力」（our ability to respond）。因此，體現生命的生活是以我們發誓要保持臨在，以回應各種形式的生命開始。

二十世紀初的醫生寇特・郭德斯坦（Kurt Goldstein）觀察到，疾病本身就是一個人或任何有機體沒有能力做出反應。健康就是反應靈敏，就是對我們在世界中的臨在和行動負責。

在傳統中醫中，「精神」一詞被用來形容「賦予生命的任何事物」。所以，我邀請你在你所追求的事物上保持精神，並在你行走於世界上的方式上保持基進。我鼓勵你把你的靈魂塑造成一個根基，在開放的同時向下扎根。我敦促你從事物的內在本質中汲取養分。我懇求你在日常生活中保持尊重、驚奇和純真的素質。因為基進就是扎根，直到你成為生命本質的管道。

真正的基準，就是以關懷和尊重的態度去揭露我們共同的人類根源。

可以思索的問題

- 在日記中，描述一次你真正基進的時刻，你致力於建立並加深根基的時期。這段經歷對你有何影響？
- 在與朋友或所愛的人談話時，描述一次你試圖調整或硬拗世界，以符合你的觀念和願望的經驗。然後，描述一下你試圖調整或硬拗你的頭腦，以順從世界力量的一次經驗。每一次經驗對你有何影響？

第三章　從受傷到溫柔

道喪向千載，人人惜其情。
有酒不肯飲，但顧世間名。
所以貴我身，豈不在一生？
一生復能幾，倏如流電驚。
鼎鼎百年內，持此欲何成！

——陶淵明〈飲酒．其三〉[1]

本章探討的內容將幫助我們：

- 學習如何承受我們遇到的風暴，以及如何處理因這些風暴而失去事物的悲傷，並同時修復風暴過後可以修復的東西。
- 如何打造人際關係和社會的避雷針，以安全釋放我們社會中帶電區域的強度，緩解緊張與衝突。

一八八三年，梵谷畫了一個雙手捧著臉的女人，畫作名稱為《悲傷的女人》（*Sorrowing Woman*）。自從看到那幅畫之後，我一直在思索著「悲傷是一個自然過程」的概念。經過多次的省思之後，我會這樣說，悲傷是一個清空累積的情感的過程，使我們能夠煥然一新，並回歸初心。在我自己的人生中，我可以證明，正在悲傷（sorrowing）和悲傷（sorrow）的差別，是游泳和下沉的差別。這種差異是非常真實而脆弱的。當我停止表達悲傷時，我就開始下沉。這一切都指向一個更大、更自然且不可避免的過程，即透過我們生而為人所具有的千百種情緒來清空我們累積的經驗，從而保持對生活的開放性和親近感。這是我們每一個人都必須為自己發掘的個人修練。

本章探討：我們想要超越自身的限制去生活和愛，如何因應我們面臨的挑戰，如何在危機中互相幫助，來自詩人作曲家李歐納．柯恩（Leonard Cohen）意義深遠的啟發，以及當我們不面對自己的痛苦時，所引發並加諸於他人的額外痛苦。

一萬隻手

心有一萬隻手，想要舉起、掌握住一切，不放過任何夢想。但承載這顆心的生活只有兩隻手。因此，我們全心投入在生活中，總是伸手去抓超出自己能力範圍的事物，本著善意地做出比我們能夠承擔的更多承諾。如此一來，我們盡可能嘗試過著多種的人生，而不是專注於我們被賦予的那個人生。

我們都感受到這種內在的矛盾，儘管做不到，我們還是被想做所有事情、去任何地方的欲望所誘惑。在我的癌症之旅中，脊椎穿刺後，在被迫安靜躺在床上的時候，我發現，每一件事以及每一個地方都是神聖的。如果我敢於停止奔跑，並完全處於當下，我就可以在任何地方找到上帝，意識到這一點著實令人感到謙卑。

在浪漫與情感方面，我們經常被許多潛在的對象所誘惑，渴望與他們相遇並墜入愛河。但生而為人，我們不能保證自己可以兼顧所有面向，並完全專注在當下。我們一次只能接受一段感情。當我們專注於這個深刻的真理時，所有事物的奧祕會藉由我們對某件事物的完全熱愛展現出來。

當我們試圖用兩隻手照顧一萬件事物時，我們會徹底失敗。我知道，因為我嘗試過了。但如果把一萬隻手投入我們面前的一件事物上，心靈的關懷可以將前人與未來世代的力量賦予我們。然後，我們會比自己以為得更堅強，也會比自己想像得更有愛心。讓心的一萬隻手融入我們承載世界的兩隻傷痕累累的手，我們就可以體現人類長久以來的愛和關懷。當我們追求所有的事物時，我們一定無法完全投入任何事物。但透過徹底地愛一件事物或一個人，就可以將我們的愛延伸到我們遇見的人事物。

省思到這一點時，我想起了這首詩：

幽靈與交響曲

心有一萬隻手。
他們想要熱愛一切。
但我們只有兩隻手。

因此，當我們堅持承擔
無人可以承擔的事情時，
我們就會互相傷害並破壞世界。

這就是愛的幽靈。

但是要求一萬隻手
一次只愛一件事，我們
就能修復世界並釋放
永恆的美好。

這就是生命的交響曲。

當我們拚命不想錯過任何事物時，是愛的幽靈催促我們立刻擁抱一切，就像試圖用兩隻手端十杯茶一樣，我一定會把茶水灑出來，然後燙傷你。但一萬隻手全心全意地捧著兩杯茶，將讓我成為所有曾經被傾倒的茶水的傳遞者，透過全心關愛的當下釋放永恆的美好。

當我們能夠接受所有重要的事物就在眼前時，生命的交響樂就會為我們演奏，直到我們能透過專注於當下的事物，從中獲得滿足和啟發。然後，從一杯中啜飲一口，就是我們一直在等待的靈丹妙藥。一旦我們停止追逐夢想，這種心靈的勇氣將使我們無論身在何處，都能實現夢想。

服務內心的那一萬隻手會激發欲望，想要體驗一切。這會鼓動我們拒絕現在的處境。事實上，想要體驗一切是一種異常行為，是上癮的生活方式。在這種狀態下，兩隻手能握住的事物遠遠不夠，因此我們受到驅使去尋求越來越多的事物。

然而，把內心的一萬隻手融入我們所擁有的兩隻手，是渴望的本質。這會激勵我們全心投入當下的境遇。在這種狀態下，渴望的重心在於釋放我們眼前經歷中所等待的一切。欲望是尋求外在的價值，而渴望則尋求內在的完整性。

儘管如此，我們仍然可能陷入追求一切，或停滯不前的極端。當我們完全把自己交給一萬隻手時，可能會沉迷於無限制的可能性之中，變得浪漫、理想化、超然，從而忽視了現實生活中的限制。然而，當我們陷入生而為人的困難時，我們可能會因為自身局限的挫敗而感到沉重不堪，變得悲觀而沮喪，認為除了日復一日的辛勞之外，什麼都不可能實現。對我們每個人來說，持續的挑戰是對生命力保持開放的心態，這種力量在我們出生之前就存在，並且將在我們離世後繼續存在。因此，我們需要學會將這種無窮的生命力引入我們所擁有的這雙手中，將生命的力量透過我們的雙手集中在眼前具體的關懷行動上。

羅馬哲學家普羅提諾（Plotinus）說：「美德是我們走向合一（Unity）的傾向。」這種認知、感受和安住在比我們自身更大事物的傾向，只有藉由全心投入我們面前的事物，來讓我們知曉。當我們能夠全心全意投入當下的每一刻，心靈就會打開，成為連接我們個體生命與支持著我們的一體性之間的管道。

心靈任務的一種形式，就是發願從事保持真誠和真實的修練，這有助於我們保持渴望，而不是欲望。我們每個人面臨的持續挑戰不是去追逐每一件事，而是透過我們帶出每一件事，以照亮和釋放我們所在之處的奇蹟。這是一項神聖的工作，它讓我們充滿活力，也反過來讓世界充滿活力。

所有事物的奧祕會藉由我們對某件事物的完全熱愛展現出來。

可以思索的問題

- 描述一次你發現自己伸出一萬隻手，想要不只一個人可以握住或體驗的東西。這樣的欲望對你有什麼影響？這樣的欲望把你帶到何處？
- 在與朋友或所愛的人談話時，描述一次你發現自己透過兩隻手全力以赴的經驗。這樣的投入對你有什麼影響？如此投入愛與關懷將把你帶到何處？

2 運用被給予的天賦

手術後再次教書的感覺很奇怪，好像我經歷了一場深刻的考驗，終於從洞穴中探出頭來。有些年輕的心靈在光中等待著，彷彿他們一直在那裡。第一節課剛開始不久，一個聰明而身形瘦削的學生，彷彿搖搖欲墜地站在他那短暫的生命中所吸收和整理的知識邊緣，脫口而出：「好吧，所以你差點掛了，重點是什麼？」

他擺好姿勢，準備用筆記下我的智慧之言。我說：「我不知道。」他不悅地放下了筆。我走到他面前，說：「抱歉，我的確知道。」於是他又拿起筆。我說：「在這裡，」並摸了摸他的胸口，「心知道一切。在這裡。」接著，我摸了摸自己的胸口，說：「心有眼睛。」他正在胡亂塗鴉，我放下了他的筆。「在這裡，」我敲了敲他的頭，「頭腦永不休息，想去爭取靈魂所承擔的一切。」他盯著我，我拍拍他的肩膀。「你看，」我摸了摸我的胸口，「我的確知道。」然後拍拍我的頭，「但我不知道。」

那次的談話發生在我三十多歲的時候，引領我去探索「因受傷而開放」（broken open）和「受傷」（broken）之間的差異。我承認，多年以後，我們仍然無法知道，為什麼有些人可以是受傷而開放，另一些人就只是受傷。如果知道造成其中差異的原因，我們就可以改變歷史的進程。即使是在一生中，我們也可能體驗到受傷而開放的轉變時刻，而在其他時候，我們只是在受苦。

我們為什麼有時會進化，有時會陷入困境？與其糾結在這種無法解答的問題，不如專注在這兩者的轉變過程。受傷而開放時，我們會成長；而只是受傷時，我們只能承受。所有關係的關鍵使命就是，安住在我們從受傷而開放學到的智慧，以幫助我們彼此度過受傷的時光。

修練慈悲的關鍵在於，當我們受傷而開放時，我們會找到一種方法來幫助那些受傷的人。同樣重要的是，在受傷時要夠謙卑，以向那些受傷而開放的人尋求幫助。以這種相互依存的方式，仁慈之光填補了每一個痛苦的空洞。在我們跌跌撞撞地走過人生時，我們必須放下對公平的執著與對苦難的比較，並全心投入於讓彼此圓滿。當心靈接受無論面臨何種障礙或問題都無處可逃的事實時，就會生起慈悲之心。

在面對眼前的障礙時，我們持續的修練就是意識到我們正在進行或沒有做的事。這是自我覺察的工作。我們一旦想清楚了行動或不行動，就可以集中精力在停止那些令人沮喪和耗損的行為。這就是存在的意義。在看清並停止那些耗損生命的行為之後，我們得以導正路線，而這就是為了保持真實和真誠所必要的心靈任務。

但是，恐懼之類的事情會成為我們的阻礙。我逐漸發現，在害怕時，我們會拿取比所需還多的東西。然而，當我們接受愛是我們悠游的海洋時，我們就會更自由地給出。雖然沒有水，魚就無法生存，但沒有魚可以擁有牠所悠游過的水。雖然沒有天空，鳥兒就無法翱翔，但沒有鳥兒可以擁有牠所翱翔的天空。因此，沒有人擁有我們從內在形成的關懷。但如果只把關懷留給自己，我們會被淹死。只有我們給出關懷，它才會為我們帶來活力。

最近，有一次醒來時，腦海中浮現出我年輕時的情景，當時我正在大約九公尺長的雙桅帆船上航行，那艘帆船是父親在我們家後院建造的。有好幾個夏天，我駕駛帆船在長島附近的大南灣（Great South Bay）穿梭。在強風中逆風航行時，船身會傾斜得很厲害，導致背風橫杆會淹沒在水中。這令人很興奮，有時也有點危險。傾斜過大時的補救措施是更直接地逆風航行。這會讓船帆能夠分散風的力量，在那一瞬間，船身就會自動導正，船帆也會直接飄動起來。

這為我們提供了如何因應恐懼、緊迫感和絕望的教導。如果聽從恐懼的擺布，我們會彎下腰身，然後看向別處。但人性中還有一個更深層的法則，促使我們直接轉向我們所恐懼的力量。這將使我們的頭腦和心靈釋放出我們所恐懼的力量。直接面對恐懼會讓我們導正自己。當然，面對恐懼需要堅定的勇氣，如果保持堅定，這會變成一種恢復平衡的修練。

隨著時間的流逝，我們逐漸明白，所經歷的痛苦與所熱愛的事物，為我們提供了內在的課程，這一切都是為了在接受命運安排的同時，與我們所愛的事物保持親近。我被吸引去與他人一起學習和探索的事情包括：

- 在苦痛的矛盾中覺醒和體會其中深藏的真正禮物。

- 將阻礙視為老師。
- 讓詩意的生活和生活的詩意不斷交融。
- 將創造力視為可以療癒心靈的表達形式。
- 放棄渴望成為偉大，而樂於享有成為偉大的機會。
- 理解給出關注比得到關注更重要。
- 接受我們自身的局限性。
- 覺知到我們彼此需要才能變得完整而有意義。

要從這些所有的努力中學習，需要極大的耐心，因為我們無法預見生命中的轉折。因為生命是一場永恆的風暴，是光明與黑暗的一場動盪，圍繞著我們稱為靈魂的寧靜中心。我們需要這樣的耐心，不只是為了承受動盪，更是為了保持接近我們的完整人性，以便進入靈魂的寧靜中心，那裡是我們永恆力量的所在。

大約二十年前，我目睹了學生與喬爾．艾基斯（Joel Elkes）一次關於耐心的生動對話。喬爾．艾基斯是一位傳奇的精神病學家和畫家，也是大屠殺中倖存下來的孩子。喬爾和我是很要好的朋友。當時喬爾已經九十三歲了。他正在對幾個大學生講話，講述他漫長的一生和二戰期間經歷的故事。他想起了他的父親埃爾卡南．艾基斯（Elkhanan Elkes），以及在納粹占領下的立陶宛科夫諾隔都①的最後一個猶太新年②。房間裡一片寂靜。隨後，一個學生提心吊膽走到喬爾面前問道：「艾基斯博士，在你看到了這一切之後，你認為人類最偉大的力量是什麼？」喬爾坐著，下巴靠在枴杖上，彷彿望穿了整個世紀，說道：「等待和忍受。」

正是在這樣的等待中，我們對生命的信心因此加深、擴大。沒有人能倖免於生活的動盪，但所有人都可以獲得從風暴中產生的平靜，以及風暴一旦過去後回歸的平靜。在暴風雨中很難記住這一點。儘管海浪可能會把我淹沒，但我仍然相信大海。

雖然我們無法預期生活中的挑戰，但我們可以像奧運選手訓練一樣，培養我們的堅毅。身體受的傷，與運動或辛苦工作造成的痠痛是有區別的。因此，區分心痛和心酸很重要。心痛來自於生活中的經歷與受傷而開放，但心酸則來自於在愛、工作或生活中健康地使用與鍛煉心靈。就像我們的手臂和腿會因鍛鍊肌力和耐力而感到痠痛一樣，我們的心也會因愛、工作和關懷的內在努力而感到心酸。這些持續的努力將增強我們內在的堅毅。

日本與中國有一種具良好韌性又非常精緻的傳統藝術：絲網畫。他們很早就發現，薄薄的絲紙和宣紙像紙巾一樣可以吸收墨水。除非是撕裂的地方，絲紙和宣紙多孔又堅固，會顯現出意想不到的圖案，並保留筆觸。這是成熟心靈的絕佳比喻：被觸摸時不會撕裂，而是吸收、顯現，並保留觸及它的事物的本質

在人的一生中，開放的心靈所具有的力量，就像絲紙上的水墨畫，畫面揭示了我們一路上愛過

也失去過的一切痕跡。如果可以，我願意打開我的胸膛，向你展示我內心那幅美麗而複雜的絲網畫。但因為我們不能這麼做，我們只能透過進行無止境的誠實對話，來向彼此展示所有觸動我們的事物。

那麼，我邀請你向內探索，到你能看到那幅絲網畫的地方，那是你的心。有人稱這個旅程為內省。有人稱為冥想之旅。有人稱為自我與靈魂之間的安靜對話。我們暫時就這樣稱呼它吧。所以，慢慢地、沒有任何目的地向內看，直到你開始看到你得以認識世界的心靈中心。看穿你周圍的動盪，直到你經歷過的事物的核心開始顯現。到達那個中心之後，請注意那畫在你心靈的絲網上的錯綜複雜的景觀，並重溫每一筆如何留下印記的故事。

透過運用我們的天賦，我們的靈魂就會顯現出來。這時，在我們想要的和放手的事物之間，出現了宛如樂音般的差異。聽出這種差異，讓我們了解真理，就像雨的音符可以瞬間軟化我們，儘管掌握心靈這個樂器可能需要一輩子的時間。

①譯者註：科夫諾隔都（Kovno Ghetto）是納粹德國在大屠殺期間為關押立陶宛猶太人而建立的。在巔峰時期，隔都關押了將近三萬人，其中大多數人後來被送往集中營、滅絕營。

②譯者註：因為教派不同，以色列有四個新年，此處的猶太新年（Rosh Hashanah）指多數猶太教徒慶祝的日子，為猶太教曆的七月一日。

我們所經歷的痛苦與所熱愛的事物，為我們提供了內在的課程。

可以思索的問題

- 在日記中，描述一次你的耐心幫助你度過困難時期的故事。這段等待度過困難的過程中，揭示了什麼是急迫感無法辦到的？
- 在與朋友或所愛的人談話時，討論一次你在受傷而開放的狀態，以及你內在被打開的事物。將這經驗與你只是受傷的時候比較。這些困難的經驗如何影響了你？

3 不苦中的苦

也許古代的憤世嫉俗者
是對的——

某些事物只有
從喉嚨裡噴出來
才會完全顯現出來。

——羅伯特・梅森（Robert Mason）[1]

在逃避生而為人的命運時，我們變得不顧一切地試圖逃避我們所經歷的苦難。這會導致無意識的傷害，我們無法完全定位它，卻能敏銳地感受到它。因此，我們盲目地攻擊自己和他人，試圖減輕痛苦的感受。我們往往透過許多方式來做這件事。

逃避我們的脆弱

如果我們的傷痛沒有得到愛與真理的治療，可能會導致令人感到痛苦的隱性誤解：以為被傾聽和重視的唯一方法就是消極、批評或搞破壞（會吵的孩子有糖吃），以為感到安全和自由的唯一方法就是保持隱形（因為世界總是想抓住你或利用你）。

但試著反過來看，才能感到活力：最能持續被傾聽和重視的方法就是做你自己，因為做你自己自然會帶來欣賞、尊重和創造力（真誠關係的回報），而最安全和最自由的方式就是以開放的心去生活。

遲早有一天，我們被要求去照顧我們的脆弱，就像照顧載著我們所有物品的推車一樣。如果不保養，輪圈會生鏽，車輪也會損壞。如果上油並保持清潔，它就能帶我們去任何地方，不會嘎吱作響。但如果我們沉浸在創傷之中，遠離愛和真理，我們往往會堅持己見並反擊，而不是透過反省與成長來治療傷痛。

生活在小我的支配下

有一個兒童故事描述，當我們活在受恐懼驅動的小我支配下時，那種壓迫著我們的極端疏離感與無價值感。我指的是當代經典《綠野仙蹤》。如果我們將故事及其中的角色視為單一自我的各個面向，我們就會看到有一種深刻的心理動力在發揮作用。

魔法師躲藏在幕後心懷恐懼地運作，暗中操縱其他人以保護自己免於遭受生活的痛苦。魔法師害怕顯露自己，也害怕面對邪惡的女巫或仁慈的女巫。他根本不敢在世界上展現自己。他操控稻草人、錫人、獅子以及桃樂絲，利用他們亟需讓自己變得完整的心理，來交換摧毀魔法師所害怕的事物。

同時，躲在幕後那個驚恐不已的男人，維持著自我膨脹的強大魔法師形象，而事實上，他已經失去了任何的真實性。當魔法師猶豫是否要履行諾言時，桃樂絲的狗托托拉開了帷幕，揭露魔法師只是一個操作機器的騙子。他很像桃樂絲在堪薩斯州遇到的算命師馬維爾教授。當然，我們最後很高興地發現，大腦、心、勇氣和家園的根源都在我們自身，不必外求。

思考一下這個故事所揭露的關係網絡。無論我們將這些視為單一自我的心理動力，或是一個功能失調的家庭，《綠野仙蹤》都描繪了一個黑暗、控制欲強的人物，他承諾賦予他人價值感，以換取他人的保護。許多家庭成員之間的關係都是這樣運作的，同樣的，許多個人內在的無價值感安排也是如此。

這種以保護換取價值感和情感的相處模式，是有條件的愛情的主要動力。我們在沉默寡言的伴侶身上看到了這一點，他們希望我們為他們進行社交活動。而且，當他們不過自己的生活，並遠離世界時，我們會感受到他們的要求所帶來的痛苦。事實上，當我們在迷茫的深淵向宇宙討價還價，說「拜託，我不會惹任何麻煩，只要你告訴我，我很安全就好了」時，我們只是在扮演魔法師和稻草人的角色。

從本質上來說，無論是無情的母親，還是我們內心無法滿足的匱乏，當我們在做我們不相信的事，以換取別人的接受或愛，或安全感或價值感的承諾時，我們都是在經歷小我支配的痛苦。

外在經驗與內在經驗不符

一旦偏離了真正的自己，我們生命體驗的完整性就會出現落差。我們的內在生活和外在生活之間、我們的感受和行動之間的距離會變大，這段差距會成為一種獨立的存在。當我們開始努力維持這個緩衝空間，而不是努力保持一致時，虛假的生活便開始在我們的內心生根。這樣一來，當幕後那個受驚的男人開始專心投入以偉大的魔法師形象來生活的那一刻，他就成為虛假生活的奴隸。當他把所有精力都放在隱藏自己時，他的痛苦就會加倍。

這說明了我們都非常熟知的失調現象。有多少次我們疲憊地站在聚會的角落，禮貌地聆聽某個人戴著面具在低聲叫嚷？有多少次我們躲在自己的言語屏障後方，思考著展現自己是否安全？雖然這種謹慎和隱瞞是人之常情，但是當我們開始躲避真實生活的時候，我們就會發現，其實自己的處境宛如身陷地獄。

活在形象背後的另一個有力的例子，就是奧斯卡．王爾德（Oscar Wilde）一八九一年出版的作品《格雷的畫像》（*The Picture of Dorian Gray*）。格雷的故事在心理層面上與《綠野仙蹤》非常類似，但更生動地對我們展示，將情感與行動切割所付出的代價。這部作品的主角道林・格雷（Dorian Gray）過得很開心，因為他所經歷的一切，如衰老、痛苦，都神奇地反映在他的畫像上，而他本人則維持年輕的外表。透過這種方式，他體驗到一種不朽的感覺，似乎能擺脫情感上的責任，也不必經歷自己的痛苦。

然而，到了最後，除了不可避免的道德譴責，正如他的名字所暗示，道林・格雷發現，缺乏把內在生活與外在生活連結起來的深度，他在地球上的生命歷程非常灰色（Gray）而缺乏深度。如果與他人沒有真誠的感情與連結，長生不老的歲月也是毫無價值的。

當我們隨身攜帶自己的小畫像作為形象盾牌時，我們都會落入道林・格雷的困境；我們在工作、玩耍、戀愛時戴著的小面具就像標語牌一樣，希望藉此在體驗自己的人生時，不必承擔情感上的責任。我們其實無法逃避人生，試圖逃避本身就是地獄。無論我們認為自己在表面上的處境有多光鮮亮麗，灰色與虛假遲早會影響著我們的生活，活在表象或畫像後方，甚至活在魔法師的布幕後方，都是不可行的。

順從他人的期望而否定自己的精神需求

我們不知經歷多少次在暗地裡害怕孤獨的痛苦，以至於為了與他人建立關係而放棄我們人生的某些部分？我想這就是我在二十二歲時第一次結婚的原因。有一天晚上，我的未婚妻敲開了我心中那扇孤獨的門，儘管我還沒準備好墜入愛河，但我還是屈服於她那輕柔的安慰，而不是接受我內心孤獨的痛苦。就這樣，從一開始就註定了我們這段婚姻會失敗。

這就引發一個核心且普遍的問題。我們有多少次不是忍受我們所面對的不安，而轉移注意力到性或情感的糾纏？有一套完整的恢復計畫，就是以這個問題為基礎。運用與匿名戒酒會（Alcoholics Anonymous）相同的原則，這些聚會為性與戀愛成癮者提供平台，讓他們正視自己想和別人在一起的衝動，而不需獨自面對。

整個計畫的運作是基於深刻的洞察力，即人類會對關係上癮，就像酒癮或毒癮。因為我們可以像喝酒一樣輕易地隱藏在一段關係的陶醉感之中，並利用關係來轉移或麻痺自己，來遠離自己人生的真相。當真實生活中的不適開始撕裂我們的幻想時，我們就可以落入另一種生活的舒適感中，而不是面對我們自己生活中的痛苦和困境。

有這些認識之後，讓我們來看看另一個看似無害的故事，迪士尼經典動畫《小美人魚》。這個童話故事捕捉到，我們為了迎合他人的期望，而否認自身精神需求的長期掙扎。在故事中，小美人魚愛麗兒非常渴望被愛，為此放棄自己的聲音來換取雙腿。但為了滿足愛情的要求而放棄自己的身分，代表著我們所有人內心深處一種誘人而悲慘的渴望：希望被拯救，而不願面對並揭示真實的自己。

在這個關於與他人建立關係的故事裡，愛麗兒帶來的啟發至關重要。從表面上看，她對雙腿的渴望是由愛和歸屬感所驅動的，看起來似乎感人與美好。然而，這也是另一種與虛假生活有關的交易，困擾著所有曾經嘗試過的人。因為，無論我們多麼渴望愛或被愛，我們都不能放棄自己本質的任何一部分，並同時讓自己的內在也倖存下來，這才是最重要的。

作為一個關於存在的意義的故事，《小美人魚》為我們留下一個引人注意的問題：為了擁有一切，我們可以付出什麼代價？身為美人魚，愛麗兒並不滿足於生活在海裡。她也想要生活在陸地上。她陶醉於設想自己身處其他生活環境的可能性，為了體驗一切，甚至願意讓自己變形。其中蘊藏著美國夢的陰影面。是的，一切都是可能的。勇往直前，去摘星吧！但要小心內心深處的匱乏，它永遠不會讓你對現狀感到滿足。

當然，追求改變、多樣性、新奇感，或改善我們的處境，本身沒有什麼錯。當我們被要求放棄自己的聲音才能擁有一切時，當我們被要求壓抑我們的獨特之處才能取得成功時，問題就出現了。不掀起波瀾意謂著放棄潛入深處的機會，意謂著我們是在用我們接近上帝的機會——我們歸屬於生命奧秘的機會——來換取一種不確定能否持續的暫時歸屬感。

當我們為了歸屬感而放棄部分的自我時，就是賦予我們所愛的人使我們完整的權力。但沒有人擁有這種靈性力量。因此，一段不公平或被看輕的關係中，有種跡象是，我們在感情上依賴的人不斷要求我們壓抑或放棄我們的某些方面，以換取他們的愛。因此，當你說「我願意為你做任何事」，而你的另一半回答「你願意做你自己嗎？」時，你就知道你找到了真愛。

否認我們與愛、人際關係，以及與神的連結

當我們忙著梳理自己的糾葛，並因為迴避和扭曲生活經歷而失去平衡時，我們會在不知不覺中幾乎忘記我們與愛、人際關係，以及上帝與生俱來的連結。

生而為人，我們會在最深刻的關係中來來去去。這沒有什麼可恥的。因為，除非你承認跌倒，否則你永遠無法站起來。除非我承認我也跌倒了，否則我們永遠無法談論這件事。除非我們都承認跌倒和站起來是生命的一部分，否則我們永遠無法理解這個過程的本質。但這一切都需要承認我們的天賦及其神祕的起源，以及我們的局限。

這讓我想起尼哥底母（Nicodemus），一位暗中相信耶穌的法利賽人，他會在晚上匿名與耶穌會面，進行深入的靈性對話。但他永遠不會在白天承認他與耶穌的關係。當然，這對耶穌的本質沒有任何影響，但在尼哥底母的餘生中，卻造成了挫敗感和困擾。

這個故事告訴我們，由於不尊重我們所知的事實而帶來的無言痛苦，就算我們所知的一切都是我們所提出的問題。更重要的是，這讓我們意識到，每個人的內心都存在耶穌和尼哥底母；也就是說，我們每個人都具有神聖的內在聲音，使我們接近真理，同時也有附和社會觀感的聲音，讓我們隱藏內心的想法，不願意向他人展示真相。

英國兒童心理學家溫尼考特（D. W. Winnicott）將人格的這些面向稱為「真我」和「假我」。從

本質上看，真我讓我們知道什麼是真實的、真誠的，而假我則沒有信任感，強制推行一種謹慎、保密和抱怨的生活方式。

在日常生活中，我們明辨真實或完整，虛假或片面的能力，來自於勇敢地保持真誠。當我們在現實中經歷某個改變時，我們面臨的挑戰，通常就是讓我們的生活方式符合新的真實感。從細節和小事情上來說，我們每天都會面臨數百個這樣的決定。

保持真實的修練

我發現，保持真實的修練，就像呼吸的練習一樣，就是不斷做出真誠的決定並遵循這些決定的過程，這樣我們在世界上的行為才能與我們內在的聲音保持關聯性。然而，很多時候，即使知道情勢已經改變了，但出於習慣或恐懼，我們仍然以舊的方式行事。一次又一次，我發現自己處於這種關鍵時刻：不得不承認曾經重要的事物已不再重要，然後鼓起勇氣，找到新的目標，讓生活再次變得有意義。

我知道，每次我聽到或看到真相，但我仍堅持舊有的方式——無論是行為模式、思考方式或人際關係——我就把是我的生活交給了我內心的尼哥底母。在這樣做的過程中，我開始了一種分裂的生活，在這種生活中，內心神聖的聲音不能被忽視，但也不能公開對它表示尊重。

這是一種內在的尷尬，我們讓自己陷入分裂的生活中。然而，我們可以透過真相來修復自己，只需讓我們內心的神聖聲音在這個世界上展現出來。無論多麼微小，這個可以重複執行的行動，都能恢復我們對生命的共識與活力。

如果你遇到任何這些情況，請不要灰心或自責，而要感到安慰，因為你並不孤單。就我而言，我可以如此詳細地寫下這些事情，是因為我已經經歷過其中的每一種情況。因此，請對我們的人性感到安慰，並專心投入為你的獨木舟製作船槳的藝術，並掌握使用它們的技巧。

無論我們多麼渴望愛或被愛，我們都不能放棄自己本質的任何一部分，並同時讓自己的內在也倖存下來，這才是最重要的。

可以思索的問題

- 在日記中，描述你被要求放棄部分自我以換取愛的經歷。你是如何面對這項挑戰的？這個要求以及你對此的回應，如何影響你的自我完整性和這段關係的完整性？
- 在與朋友或所愛的人談話時，描述你就像《綠野仙蹤》裡的魔法師一樣生活在布幕後方，假裝成別人而不是真實自我的經驗。為什麼要這麼做？維持這種假象有多辛苦？是什麼原因讓你從布幕後方走出來？

4 破碎的哈利路亞

我和我的妻子蘇珊深陷於李歐納．柯恩的世界和他的音樂之中。我們熟悉他的歌曲與詩作，但這一次我們開始真正聆聽他的音樂，與他的靈魂對話。透過這樣的聆聽，我們發現了另一個原創的嗓音，洛福斯．溫萊特（Rufus Wainwright）。蘇珊發現了李歐納．柯恩寫的〈哈利路亞〉（Hallelujah）有個令人難以置信的美妙版本，也就是洛福斯．溫萊特與一群人的合唱版本。想像一下，某個人在一九八〇年代初期，獨自在公寓裡拿著吉他，透過他內心艱難的歷程創作了這首歌。三十二年後（二〇一六年六月十一日），距離李歐納．柯恩去世前的五個月，一千五百個人在加拿大多倫多赫恩發電站（Hearn Generating Station）一起演唱這首歌。[1]

和大多數的藝術家一樣，柯恩感覺自己是個載體，他內心最深處的歌曲透過自身得以展現。這位詩人作曲家在二〇一一年受頒西班牙阿斯圖里亞斯親王獎（Prince of Asturias Award）時，說道：「詩來自一個沒人指揮、沒人征服的地方。因此我覺得自己有點像個江湖騙子，因一項不是由我發號施令的行動而獲獎。」

確實，看起來似乎是〈哈利路亞〉在指揮他。這首歌一開始共有八十個段落。有一個聲音不斷在引導他。柯恩曾經告訴巴布．狄倫（Bob Dylan），他花了兩年的時間寫這首歌。但沒有唱片公司會考慮完整錄製這首歌，所以這位充滿神祕色彩的詞曲創作者不得不選擇其中的四個段落來錄製。這首歌第一次出現在柯恩一九八四年發行的《Various Positions》專輯中，但是索尼唱片公司（Sony Records）對於專輯完成後是否發行猶豫不決。

從那時起，這首歌已經被世界各地的藝術家和合唱團錄製了三百多個版本，並被許多電影和電視節目當作配樂。然而，為了讓這首歌更容易被教會接受，有幾個版本消除了柯恩在歌詞中表達的深刻且神聖的人性與靈性之間的張力。在他漫長的職業生涯中，柯恩經常在現場音樂會上演唱不同的歌詞組合。

「哈利路亞」一詞源自希臘語，意思是「讚美主」。這個詞的希伯來語意思是「讚美上帝」。對於像李歐納・柯恩這樣充滿人性和包容性的詞曲作家和詩人而言，我們可以將這種讚美理解為一種看到事物光明面的勇氣。

更深入地說，我們需要成為完整的人，才能面對生活的艱辛，並仍然能夠讚美推動著我們前進的宏大力量。海浪的湧起和崩落，是對托起它的海洋的讚美。泥土中的種子讚美雖看不見卻吸引它破土而出的光。破裂的骨頭讚美時間讓它癒合。正如希臘詩人喬治・塞菲里斯（George Seferis）告訴我們，一隻翅膀折斷的鳥讚美讓它繼續飛翔的風。當我們受傷時——正如我們所有人都會經歷的那樣——讚美更大的生命力量。吟唱「哈利路亞」，將能幫助我們再次突破困境、破土、癒合與飛翔。

愛麗莎．安嘉─莎岡老師（Alisa Ungar-Sargon）表示：「這首歌的核心主題是，在面對迷茫、疑惑或恐懼時，讚美的價值，甚至是其必要性。」[2]神聖和破碎（broken）是共存的，這種共存是我們作為有靈魂的人類在地球上的基本特質。李歐納．柯恩在他的另一首歌〈讚美詩〉（*Anthem*）的一句名言中，呼應了這永恆的智慧：「萬物都有裂縫，那就是光進來的方式。」

我們都有些笨拙，但在尷尬之餘，如果能夠忍受自己的笨拙，我們也可以很優雅。我們都會焦躁不安，但在緊張之餘，如果能夠忍受自己的焦躁不安，我們就會感到平靜。是的，我們都會感到害怕，在困擾著我們的緩慢恐怖下，無論原因為何，只要我們在恐懼下堅持得夠久，就能擺脫它，最後就能超越現狀而得到安全。如果無法靠自己，就需要彼此的幫助。

然而，即使在笨拙、焦躁和恐懼的時候，我們可以透過破碎和開放的心靈來接受恩典。這種穿越人類領域去滿足或釋放靈性的過程，是柯恩歌曲和著作中的常見主題，值得反覆聆聽與閱讀。〈哈利路亞〉的第二節講述了大衛王因為愛上拔示巴（Bathsheba）所經歷的快樂和痛苦。儘管他們之間的旅程讓他心碎，但她仍然從他嘴裡聽到「哈利路亞」。似乎沒有人在生命的旅程中，能免於經歷謙卑的時刻。而且無論我們跌得多深，光仍然會從我們心靈破碎之處的裂縫照進來。

耶穌會哲學家德日進（Pierre Teilhard de Chardin）說：「我們不是擁有靈性體驗的人類，而是擁有人類體驗的靈性存在。」然而，我認為李歐納．柯恩會說，有什麼區別？我們不是活在痛苦和生命樂章的中間，總是受到兩者的影響嗎？任何接受我們的脆弱與我們內在的光的途徑，難道不是一樣公平與神聖嗎？畢竟，無論你充分活著的方式是成功還是失敗，並不重要。而且，當我們心靈破碎的時候，往往會褪去所有不必要的事物，而這只是為了迎接恩典做準備。

這首歌的廣度和深度證實了我們的存在充滿缺陷，以及一項事實：透過缺陷，我們得到更深層的生命力量的支持，無論我們是充滿智慧，還是拖著錯誤的包袱。

李歐納．柯恩在他的所有作品中強調的是，無論是淹沒在痛苦中，還是逃避痛苦，都不會讓光進來。只有在我們所有的缺陷中保持破碎和開放，才能讓我們獲得超越自身的資源，來支撐我們。在古羅馬神話中，傑納斯（Janus）是開始、通道、過渡、門道和結束之神。他通常被描繪成有兩張臉，一張展望未來，一張展望過去。傑納斯主持衝突的開始和結束。他是戰爭與和平之間的支點，既在個人內心，也在國家之間。

李歐納．柯恩創作的〈破碎的哈利路亞〉（broken hallelujah）指出了靈魂在人世間的另外兩張面孔：我們如何在痛苦與歌聲的縫隙中誕生；一張臉對著我們必須經歷的所有事情做鬼臉，另一張臉則謙卑地敬畏著從宇宙一體性所散發出來的永恆生命力，即使在痛苦中，它也能完全支撐我們。

李歐納．柯恩在西班牙阿斯圖里亞斯親王獎的獲獎感言，分享了他如何在所有歌曲中找到那個內在的聲音。他記得自己當時是個年輕人，還不會彈吉他。他去蒙特婁探望母親。房子在一座公園旁邊，他在那裡閒逛，遇到一位年輕的西班牙佛朗明哥演奏家，他整個下午都彈得非常流暢，令人讚嘆不已。當時有一小群人在現場。柯恩等到所有人都離開後，才上前請求年輕人教他。

他們第二天就開始上課了。這名年輕的西班牙人在聽到柯恩彈得斷斷續續後，調整了這名學生的吉他，但結果並沒有差多少。然後，這位年輕的西班牙人拿起吉他，向科恩展示了一組六個和弦，這些和弦是所有佛朗明哥音樂的核心。但這個新手還是彈不了。於是，年輕的西班牙人輕輕地將學生的手指放在琴衍上，和他一起彈和弦。三天下來，這位年輕的老師就像音樂天使，與他的學生一起彈奏和弦。

可是到了第四天，年輕的老師沒有出現。柯恩很擔心，打電話到蒙特婁的另一端西班牙人的寄宿處，才得知那個善於演奏的男人已經自殺了。

五十年後，李歐納．柯恩承認，他所有的音樂都來自這六個和弦。他永遠不知道這位年輕的西班牙人為什麼要結束自己的生命，但柯恩深刻地理解到，我們必須學習一切事物的基本和弦。這是每一個在痛苦和歌聲中甦醒的生命的呼喚。靈魂在人間的旅程，就是在平凡的事物中展現勇氣和毅力，尊重並融入由痛苦與生命之歌共同源起的地方，這樣我們才能彈奏出所有歌曲和詩歌的和弦。

在二〇一一年的獲獎感言中，柯恩也向費德里哥．賈西亞．羅卡①的詩和藝術的力量致敬：

現在，你們知道我與詩人費德里科．賈西亞．羅卡的深厚關係與情誼。我可以說，當我還是一個年輕人、一個青少年時，我渴望一個聲音。我研究英國的詩人，我很了解他們的作品，並且模仿他們的風格，但我找不到聲音。只有當我閱讀了羅卡的作品時，即使是翻譯的作品，我才明白那裡有一個聲音。並不是說我模仿了他的聲音；我豈敢。但他允許我尋找一個聲音，定位一個聲音；也就是說，找到一個自我，一個不固定的自我，一個為自身存在而掙扎的自我。隨著年齡的增加，我明白這個聲音伴隨著指示。這些指示是什麼？這些指示絕不是隨便哀嘆。如果要表達等待著我們所有人的那個必然的重大失敗，就必須在尊嚴和美麗的嚴格範圍內完成。

他最後這句話意義深遠，值得細細品味。表達（express）這個字有三種意思：說出感受或想法，像擠牙膏一樣擠出來，以及促進天賦的發展，如同在遺傳學中，藍眼睛的基因在孩子一出生就會表現出來。想想看，如果我們要「表達等待著我們所有人的那個必然的重大失敗」——死亡，那麼我們又該如何表達賦予我們生命又奪走生命的奧祕呢？我們怎麼能擺脫伴隨死亡想法而來的強烈恐懼呢？我們又該如何在生命的給出和索取中找到棲身之所，接受那些深植於靈魂中的誕生與死亡？

李歐納．柯恩認為，從各個方面表達生命奧祕的唯一方法，是透過「尊嚴和美麗的嚴格範圍」。我認為他指的是，從我們的真實存在中產生的藝術真理。運河和水閘會將水引導到需要的地方，尊嚴和美麗會將生活的驚奇和困難引導到需要的地方。

如同所有預言家，李歐納．柯恩小心翼翼地展示了我們無法理解且無法破壞的事物；但如果我們與它們戰鬥，它們就會擊敗我們。因為，帶著靈魂，生而為人，就像在暴風雨中被遺棄的燈，我們的人性是隨著時間的流逝而破損的燈罩，只有透過人性的撕裂和破裂，靈魂的光芒才能直接顯現出來。在內在和外在保持忠誠，就是我們破碎的哈利路亞。要在「尊嚴和美麗的嚴格範圍」之內做到這一點，是真誠，但不是放縱。真誠而溫柔地面對生活，就是讓痛苦與美麗在我們的心中混合，這樣我們存在的整體性就能軟化生活的嚴酷。

有一句非洲諺語說：「當死亡找到你時，願你是活著的。」這句不知作者之名的智慧小語鼓勵我們，不要在活著的時候因為專注於死亡而死去。要盡量保持充分地活著，而且時間越久越好。正是我們與宇宙持續的關係，同時專心投入於特定事物，才讓我們的心可以充滿活力地去處理我們所面臨的困難。這正是老鷹對風的永恆熱愛，同時又勤勤懇懇地不斷揮動翅膀，才能夠在空中飛翔。

最後，「破碎的哈利路亞」的概念指出了一些無法形容的本質，它要求我們真實地生活，全心投入人類旅程的各個方面，從悲劇到奇蹟，再從奇蹟到悲劇。從深層、直接的角度來看，在海上被壓垮的木筏並沒有減輕大海的威嚴或木筏上任何人的悲慘痛苦。我們被要求尊重兩者。專心投入這段旅程的痛苦真相，同時仍尊重生命的尊嚴，是一種高貴的探索。

正如太陽是始終如一的，無論天氣如何，無論痛苦、失落、擔憂和恐懼的烏雲如何模糊我們的

---

① 譯者註：Federico García Lorca，西班牙二十世紀最佳的詩人、劇作家，也是知名畫家詩人，作品深具影響力。

視野，宇宙的一體性始終存在。雖然我們在生命的雲層下的經驗是真實的，但我們不斷面臨的挑戰並不是讓雲層成為我們唯一的現實。面對我們經驗中的真相，勇氣是必要的，因為正是我們的真實性才能驅散痛苦、失落、擔憂和恐懼在我們心中和腦海中生成的烏雲。

那麼，除了全心全意地活在雲朵和陽光下、毫無保留、熱愛生活和彼此之外，還能做什麼呢？這就是我們吟唱〈破碎的哈利路亞〉、活在痛苦與生命之歌之間、發誓不死在臨死之前的理由。因此，就像偷偷摸摸的夜晚會低下頭，等待太陽在其壯麗的景色中日復一日地落下，當死亡找到我們時，它就會停下來。直到我們再次完成這一切。直到我們再也做不到為止。

我們必須學習一切事物的基本和弦。這是每一個在痛苦和歌聲中甦醒的生命的呼喚。

可以思索的問題

- 李歐納．柯恩從他的西班牙吉他老師那裡學習了所有佛朗明哥音樂都具備的六個基本和弦。後來他明白，他所有的音樂都是來自這六個和弦。事實上，我們每個人都必須學習所有幫助我們度過人生的基本和弦。在日記中，描述你的這些基本和弦是什麼；也就是說，對你而言，生活中有哪些基本共識，可以在困境中幫助我們透過人性找到恩典？
- 在與朋友或所愛的人談話時，舉出一個你自己的「破碎的哈利路亞」的例子，描述你不得不面對生活的艱辛，但仍然感到需要讚美那段推動我們前進的更大生命力的時光。

5 沒有比心靈更偉大的老師

在我的人生中，沒有比心靈更偉大的老師了。它引領我度過每一次風暴。當我面對死亡時，儘管感到恐懼，它仍會讓我鎮定下來。當我因為需要愛而跌倒時，它讓我像一朵等待雨水的花那樣敞開心扉。當我因尋找意義而像自由落體般落下時，它讓我像乘著奧祕之風滑翔的鷹向上飛起。當我需要力量來繼續相信生命時，我的心堅持要我繼續給出，以讓人性的組織如細胞分裂般生長。因此，我感到有必要探索如同老師般的心靈，以及它如何引導我們去發現，並安住在我們去愛、學習和存在的需要裡。

這種對心靈力量的堅定信念可以追溯到我來到地球的最初時刻。一九五一年二月下旬，我提早出生了，比預產期早了三週。我被安置在早產兒保溫箱裡。所以我在進入世界之前，進入了一個孤獨的過渡期。這段期間我的父母無法抱我，也無法帶我回家。我確信這對他們來說很難熬。但在這個關鍵時刻，我被生命的神祕合一性所擁抱和滋養。在那三個星期裡，我處於一個過渡時期的子宮裡，我從在母親體內成形，過渡到將我更深層的感知與生命連結起來。這段經歷成為我日後仰賴的重要靈性資源。

當我被那些我永遠無法親自表達感謝的護理師擁抱和照顧時，我安靜地繼續成長為一個完整的人。在慢慢來到這個世界的過程中，我開始感受到一種深刻的、早期生命的一體感。在保溫箱中完全獨自一人，讓我體驗到一種內在發展的孤獨和寂靜，那是我的第一個家。儘管我在一個不可預測且成員的情感波動劇烈的家庭中長大，感受到了無數不穩定的情感，但這種動盪並沒有定義我。因為我總是可以進入寂靜，並回到那個更廣大、最初始的家。

回想起來，我確信，保溫箱這個在兩個世界之間的「意外之繭」，鞏固了我與永恆的連結。那個完全獨處的機會，懸浮在出生前和生命本身之間，讓我能夠與所有看不見的事物建立了不可磨滅的連結。它讓我知道，看不見的一切就是我的基礎。因此，從一開始，我的心就一直忠於充當內在與外在、靈性生活與世俗生活、人性與創造生命的神祕之網之間的管道。

事實上，無論生活將我帶到何方，我作為心靈的學生的學習經歷，都可以追溯到這個人生的基本位置——心靈。依心而活總是能幫助我度過人生的風暴，並帶我回家。這就是為什麼我相信，幫助彼此回到我們最大的家——生命，是一種重要的接待形式。這就是為什麼我相信支持和照顧彼此，就如同我們是從內在形成自己，是無條件之愛的核心。這就是為什麼我相信，在萬物一體中感到自在，是我們如何去愛、學習和存在的核心。

這麼多年過去了，我逐漸了解到，心註定要追隨光明，並與生命相連，就像花朵在黑暗中播種，在暴風雨後破土而出，在光明中綻放一樣。一旦心在敞開、光明中扎根，我們就被要求進一步去實現天堂。

心靈如何教導我們做到這一點，是一個終生的學習旅程。有趣的是，「旅程」（journey）一詞源自古法語*jornee*，意思是「一天的旅行，一天的工作」。誠然，有意義的旅程是建立在一天的旅行和一天的工作之上的。因此，本書的其餘部分將試圖盡可能詳細地描述心靈的日常旅行和日常工作，就像路易斯（Meriwether Lewis）和克拉克（William Clark）詳細紀錄他們在一八〇四年穿越落磯山脈到達太平洋海岸的那段非凡旅程一樣。

一路走來，我見證了孤獨、寂靜和內在成長如何成為我們的家，我一直在努力洞悉，是哪些誓約和修練使我們能夠體驗這些像老師的內在元素。很顯然的，我們在生活的過程中發現，從一開始，我們就被召喚要依心而活。但這意味著什麼？我們如何把它當作一種神聖的、賦予生命力的方法來實踐？

我們所有人都必須面對移除我們在生活中累積的行為模式和情感的基本過程。這個過程也讓我們能夠回歸初心，重新建立內心的忠誠。透過這種忠誠，我們不僅能夠做自己，同時又能讓其他生命進入。如果我們想要真正地活——做自己，並讓別人進入我們的生活，那麼這種雙重努力是必要的。

一旦完全讓生命進入，我們如何成為內在與外在、靈性生活與世俗生活、人性與創造生命的神祕之網之間的管道？我們如何安住在心靈幫助我們度過風暴的方式？哪些承諾和修練可以幫助我們全心全意地活在更大的生命之流中？

為了徹底活著，我們必須關注在人際關係中的學習過程。當我們敢於擁抱和照顧彼此時，所有的學習都會在我們的內心扎根，那就是真實的經驗基礎。

最後，如果能夠清空我們的假設和結論，跟上生活的匆忙腳步，我們就有無數的方法可以在未來的日子裡進行各自的心靈任務。如此一來，心靈就能承載重要的事情。然而，我們得謙虛地說，儘管必須這樣做，但沒有人完全知道，如何清空無關的，以及如何承載重要的。因此，我們必須思考：如何在風暴中恢復最重要的事物？因為每一個靈魂都必須學會自己的修練，以回歸我們最大的家園——生命。而我們的命運，就是從容地在各個方面實踐這種接納和關懷，並讓內心成為我們的老師。

依心而活總是能幫助我度過人生的風暴，並帶我回家。

可以思索的問題

- 在日記中，描述你內心最深處的家。
- 在與朋友或所愛的人談話時，講述你的心是你的老師的故事。它是如何表現的？你怎麼知道它是老師？它教會了你什麼？

6 心靈任務

不要因為身為人而感到羞恥，應該感到自豪！在你的內心，一座又一座的寶庫不斷地打開。你永遠不會完美，但事情本來就該如此。

——托馬斯・特蘭斯特羅默①[1]

我們每一天的每一秒鐘都在投入心靈任務。我們越接受心靈是我們的老師，我們就越能轉變成完全實現自我的人類。

思考一下，我們稱為心臟的器官是我們肉體存在的中心。無論醒著或睡著，我們所有的血液都會進出這個肉體存在的心臟，透過奇妙的循環過程來保持我們的活力。同樣的，情感上的心臟是我們靈性存在的神祕中心。無論心境清晰或困惑，生命力都會進出這顆我們用來感受的心，讓我們透過情感和人際關係的神奇循環過程繼續活著。

當我們和外在環境交涉時，我們的內在健康與否就取決於進出循環的事物。思考一下，為了發出樂音，所有的樂器是如何被鑿成中空的。儘管樂器的鑿空方式與部位不同，但所顯現的「空無」

卻是相同的。我們每個人都被獨特的經驗塑造成一個獨特的自我。至今，我們都被生命歷練鑿空，以揭示出同樣的空無，透過這種空無，一首永恆的生命之歌才得以進入世界。

如此說來，每個人的心靈都是需要一輩子去學習如何演奏的樂器。透過真實地面對我們的經驗並成為我們自己，我們發現了自己的音階和和弦，並將我們的歌曲帶到世界。

無論是彈撥、撫摸、敲擊、拉弓或吹奏，每一種樂器都會將一首又一首的歌曲從它的中空之處帶入世界，記住這一點是很有用的。我們把這種從中空之處釋放的事物稱為音樂。同樣的，在與經驗的拉鋸戰中，我們被撥動、撫摸、敲擊、鞠躬彎腰，並由呼吸得到活力。這就是生活經驗將我們帶入這個世界的方式。我們把這種從內心深處不斷釋放的樂音，稱為透過心靈演奏的生命之樂。

更深入一點來說，心靈任務要求生命透過我們不斷前進。就像樂器是在樂音從中流淌時發揮作用，靈魂是關懷在其中流動時發揮作用。就像生火需要木材，靈魂也需要精心照顧才能燃燒得旺盛而明亮。就像用什麼木材生火並不重要，靈魂並不偏好某一種形式的關懷。任何關懷的行為都會讓我們的靈魂煥發活力。既然萬物都值得被呵護，都需要被關心，我們全心投入的任何關懷，都會照亮我們的內在與彼此之間。簡單而深刻地說，正如生火需要木材一樣，靈魂需要關懷才能成長與茁

① 譯者註：Tomas Tranströmer，瑞典詩人，二〇一一年諾貝爾文學獎得主。他的詩作已經譯成六十多種語言，對世界各地的詩作發展頗具影響力。

壯。

從永恆的角度來看，每一世代的每一個生命都在空無的心痛和萬物的驚奇之間掙扎。在受到傷害並且無法解釋痛苦和失落時，我們會試圖將空無加以神化，以消除來自與生命有關的一切的空無。同樣的，在被仁慈所感動，被無法解釋的恩典所鼓舞時，我們就會想要將一切神化，以驅逐、淡化生活中不可避免的困難。但生命的浪潮總是充滿著空無和萬物，它們在我們的內心與彼此之間混合交融。因為生命合一性的奧祕在它不可摧毀的織錦中——創造、編織並維持空無的心痛和萬物的驚奇。因此，我們必須接受、尊重，並從兩者之中學習。

這種空無與萬物之間的舞蹈，是心靈的主要藝術形式之一。而且我承認，這麼多年過去了，雖然我願意為一個充滿無法預測的困難的世界做準備，但我不願意為一個沒有奇蹟的世界做準備。雖然我無法解釋為什麼，但我相信，活著的痛苦和存在的安逸是生命結構中無窮盡的織線，透過我們的心靈任務，將永恆的存在特質織進我們的靈魂。

在日常生活中，由於我們既堅強又脆弱，因此隨時隨地都面臨著做自己的挑戰。隨著時間的流逝，真實意謂著想要感受一切，然後變得空無；想要接納萬物，但同時保持自己的本性。如果幸運，我們可以幫助彼此，繼續投入無止境、嚴格的心靈任務。光是這一件事就可以讓我們越來越體會到生命之流的生生不息。

就像生火需要木材，靈魂也需要精心照顧才能燃燒得旺盛而明亮。

可以思索的問題

- 在日記中，描述生活將你塑造成一種樂器，以及你如何從被鑿空的部位發出的音樂。
- 在與朋友或所愛的人談話時，討論你感到虛無，彷彿一切都沒有意義的時刻，以及這對你的影響。接著再討論你感受到一切都很有趣的時刻，以及這對你的影響。描述一下你在兩者之間如跳舞般轉換時的心靈任務。

第四章　千針編織至黎明

除非我們將慈悲的範圍擴大到所有生物，否則我們將無法找到平靜。

——阿爾伯特・史懷哲（Albert Schweitzer）[1]

本章將探討的內容可以幫助我們：

- 發現並掌握一些儀式和修練方法，以消除我們內在與外在的迷茫與混亂。

亞里斯多德說：「我們永遠不應該單獨教導一種美德。」因此，要在各方面充實地生活，需要付出努力，透過經驗之門傾聽所有觀點，直到我們將每個人的經驗編織成一幅完整的生命織錦。不斷地練習將我們原本不具備的一切，融入我們原有的一切，就是我們不斷將世界縫合在一起的方式。這就是我們在不隱藏真相或痛苦，更重要的是，在不隱藏愛的情況下，面對每一天的方式。在依心而活時，我們透過真誠來揭示支持我們所有人的生命之網。本章探討現代生活如何分裂我們的本性，我們仍然面臨培養同情心的挑戰，我們如何從各種限制中學習與突破，以及為何我們距離擺脫所有沉重負擔只有一步之遙。

1 祕密身分

古代神話中諸神的基本意義，在於提供比生命更偉大的形象，祂們可以作為我們與宇宙元素之間的橋梁與連接者。阿波羅（Apollo）、涅普頓（Neptune）和索爾（Thor）是太陽、海洋和雷電的守護者。他們充當了我們和偉大合一（grate Unity）之間的中介，這個合一超越了我們對人生的有限和片面的理解。

但是，如果我們檢視當代的神話，如恐怖電影、漫畫和電視實境秀的現代傳說，我們會發現，我們的文化假設出現明顯的轉變，與其他生命結合以變得完整的古老本能被取代了。我們會發現，現代的故事強調分裂和隱藏，反映出我們在支離破碎和分裂中掙扎，同時頌揚祕密和隱藏。

在歐洲的民間傳說中，狼人的故事最早出現在中世紀。狼人的概念本身就反映了我們想要將人類與生俱來的情緒化分為理想和不理想。這意謂著任何較不穩定的人類情緒，例如憤怒、激情和攻擊性，都應該被否認和抑制。但是，否認我們較為難以控制的情緒而不是面對它們，只會加深我們人格中的分裂。而這樣的分裂只會讓我們人格中被否認的部分變得更強烈。

從這方面來看，狼人代表了情緒與人格尚未整合的人類，而他的缺乏整合使得這些難以控制的情緒更不穩定。唯一能阻止狼人的行動就是拿出十字架。然而，十字架並不是作為一種療癒的力量，而是一種羞辱的力量。

舉起十字架，我們內心的狼就會感到羞恥並被驅逐，沒有得到療癒。在這裡，我們開始迴避部分的人性。在這裡，我們甚至不再渴望合一。因此，隱藏成為現代人存在的先決條件之一，很快就影響了我們的意識。

這種影響在傑克爾與海德①的經典故事中得到深化，故事中的傑出醫生註定會反覆而無法控制地轉變為憤怒的化身。早在一八八六年，這個故事就指出，作為公民的我們已經變成兩面人，一邊保持著適當但不切實際的公眾形象，一邊隱藏著內心深處的衝動，直到衝動不可避免地爆發為止。漫畫英雄綠巨人浩克（Hulk）也是一個充滿內心衝突的人物，重新演繹了我們這個世紀對科技的疑慮，因為這位英雄變成憤怒巨獸的轉變是由一次科技事故引發的。這些神話的存在無意中證明，我們作為個體與生命整體的嚴重分裂。我們本性中的這些部分受到壓抑的時間越長，只會加劇痛苦的程度，如果不治療，受到的影響就會更惡化。

我們已經屈服於分裂和隱藏，我們的當代神話，尤其是以漫畫英雄的形式闡述的那些故事，已經產生了祕密身分——不再警告我們缺乏整合會導致什麼結果，而是支持我們內在的分裂，並達到美化雙重生活的程度。

這些神話具有顯著的意義，因為它們表現了現代人的心理狀態。我們不斷表現出日益加深的疏離模式。我們與內在本性分離越大，我們就隱藏得越多；我們隱藏得越多，被放逐的「狼」就變得越危險。同樣的，與之相反的理想化和幻想化形象則被描繪成超級英雄。

這一點在超人的神話中表現得最為明顯，超人在所有外在方面都是完美、神聖的，但他卻像克拉克．肯特（Clark Kent）一樣溫順、溫和、隱藏。有趣的是，在這裡，狼人的憤怒、激情和攻擊性等危險特質被轉化為超人角色中正義、行動和服務的理想特質，而包容和溫柔的女性特質（在這裡被表述為溫順和溫和）現已成為他的祕密身分，也就是克拉克．肯特。

然而，無論我們如何否認，我們對完整的渴望甚為強烈，以至於滲透到鄙棄它的神話中。氪石取代了削弱狼人力量的十字架，它是一塊來自超人出生星球的礦石。在氪石的影響下，他變得不那麼極端，不那麼神聖，但變成更平凡、更完全的人，也與他的祕密身分更融為一體。

氪石代表的是我們的起源、我們的基礎、我們與生俱來且完整的開端，是我們的來處，儘管我們幻想著擁有無限的力量，但我們內心深處還是想回去——一個我們如此遠離的源頭，看起來就像是另一個星球。氪石代表一個痛苦的機會，讓我們放棄幻想，重新整合我們所有的特質，以成為真實的自己，這反過來又會讓我們變得完整、變得極其平凡。

這則現代神話反映出，我們實際上已經成為一個精神上的克拉克．肯特的社會，人們渴望實現

①譯者註：出自《化身博士》（*Strange Case of Dr Jekyll and Mr Hyde*），講述了紳士．傑克爾博士喝了自己配製的藥劑而分裂出邪惡的海德先生人格的故事。後來「Jekyll and Hyde」一詞成為心理學「雙重人格」的代名詞。此書也曾多次被改編為音樂劇、電影等。

超級夢想，例如成為能力超凡的神、積累超級財富、擁有超級性愛、享受超級假期、成為超級爸爸、超級媽媽、超級運動員、超級學生、超級巨星，並同時保持我們不那麼完美、更人性化的祕密身分。直到經歷過無數的事件後，那些被分裂和隱藏的事物就會在縫隙迸裂出來：例如像傑克爾和海德這樣的公職人員、毆打妻子的棒球明星、捲入性醜聞的宗教領袖。普通人在外在各方面力求完美，但內心的狼卻在夜裡飢餓難耐。

當我們隱藏所知的事情時，我們不都在保持著一個祕密身分嗎？為數最多的、保持隱藏狀態的人，難道不是那些假裝無知的人嗎？隱藏的危險不是被發現，而是忘記被隱藏的部分是真實的。我們是複雜的存在，渴望簡單，這些不斷傳頌的故事演變成心靈的鏡子，反映出我們的文化靈魂以及它與虛無的抗爭。超人的神話立即塑造了我們對理想的渴望，同時提供一種可以將我們帶回現實的元素。所以，我必須問：你的氪石是什麼？什麼樣的深層根源會打破你的幻想力量，讓你幸運地過得很平凡？

有一則神話故事試圖彌合我們內心的分裂。在法國童話《美女與野獸》故事中，我們內心的野獸克服所有壓抑的恐懼後，能夠被我們內在的美麗所愛。最後，野獸在試圖保護美女時被殺死，這表示我們內在被拒絕和迴避的部分，只要有機會，就會去愛與被愛，直到它的狂暴得以平息。

在更近期的年代，《美女與野獸》被改寫為《金剛》，在故事中，我們內在的美更歇斯底里，也更抗拒、更害怕野獸的巨大，並且更困惑於它自己被這種扭曲的內在元素所吸引。這個故事將我們理想化的美德與埋藏的激情重新結合起來。但在這裡，我們內在的野獸也竭盡全力保護我們內在的美，甚至因此而死。這則故事的兩個版本中，固有的爭鬥仍然存在，仍然在發展，仍然被述說著，也仍然滿足某些文化對合一和整體的需求。

在現代玩具世界中，我們發現了一種合成的圖騰，象徵著我們在隱藏和融入之間的緊張關係。我指的是變種人忍者龜，一種小型的忍者造型塑膠玩偶，以米開朗基羅、李奧納多和拉斐爾等，文藝復興時期的人物命名。其內涵之豐富令人震撼。忍者代表精通忍術的專家，而忍術源自日本，是一種潛行、偽裝和破壞的傳統技術。「變種」在生物學中指的是一種極為異常的個體或生物，與其親代顯著不同。海龜以巨大的甲殼，並能夠游到很深的地方而知名。而文藝復興時期被譽為是文化重生的一段偉大時期。我們來談一下其中參雜的訊息：我們正在讓孩子扮演英雄遊戲、他們接受過暴力和破壞的訓練、與任何親代都截然不同、生活在一個巨大的殼裡，但可以游到廣闊的深處，並且象徵著文化重生的時代。天知道一個天真的人會拿這一切搞出什麼名堂。

至於成年人，我們只要看電視就可以找到我們仿效的英雄品牌：再次美化祕密身分的臥底警察，以及最能揭露真相的私家偵探。我們對透過調查、暗中獲救的需求，是如此迫切、持續和深刻，因而將這種內在需求投射到神話裡的小英雄身上，他們在我們不敢走的街上，揭露了躲藏的人（小偷、殺人犯和通姦者），並找回那些因犯罪而被迫分離的人（綁架受害者、逃亡者和人質）。

但我們內在衝突最有趣的象徵源自一個古老的傳說，即吸血鬼的傳說，它立刻為我們提供了一種治療分離感的方法，同時又使解決方案變得恐怖、暴力和受到禁止。吸血鬼需要吸別人的血才能生存，被他吸血的人也必須這樣做。對這件事的描繪一直是因同類相食的習性而令人感到恐懼，但又被改編成誘人而性感的故事，進一步加劇了我們對這件事的吸引力或排斥感。

然而，如果我們從這一切中剔除暴力，就留下了「汲取他人的源頭」這個深刻而古老的意象。沒有比這更直接的加入方式了。幾個世紀以來，男孩和男人會以成為歃血為盟的兄弟，作為一種終極的象徵關係。進一步來看，這個意象也是基督教聖餐的核心，虔誠的信徒被要求象徵性地喝基督的血。

在每天努力追求真實和完整的過程中，我們都是私家偵探，在尋找一切事物的根源，以便我們可以從中吸取教訓，而不再覺得需要隱藏起來。這一切都是希望我們能夠放下祕密和面具，在任何地方都能簡單做自己。

隱藏的危險不是被發現，而是忘記被隱藏的部分是真實的。

可以思索的問題

- 在日記中，描述你覺得有必要隱藏自己某些面向的經驗。為什麼這是必要的？隱藏自己身分的代價是什麼？你是如何補救這種情況的？
- 在與朋友或所愛的人談話時，描述一個你認識的、在任何地方都能完全做自己的人。你讚賞這個人什麼？你可以從他們身上學到什麼？

2 先知的主權

縱觀歷史，思想家將最好的想法投射到我們人類行為的光譜上，而我們每個人則將自己的思想疊加到世界上。然而，我們始終被提醒，我們的觀點並非唯一的觀點。每一種人類行為光譜的名稱，每一種試圖解釋世界的哲學，都只是一種特定的觀點。我的也一樣。

儘管如此，在我看來，有四個生命的要素似乎是永恆的：單一生命的獨立靈魂、眾多生命組成的網絡、宇宙不斷變化的動態流動，以及經驗之河——彷彿是動態的電流，將這一切連接在一起。每一個活躍的心智，無論是否識字，無論文明或原始，都已經將這些元素奉若神祈。它們似乎等同於精神上的地、火、水、風。

想一想猶太哲學家馬丁．布伯（Martin Buber）的話，他說：

> （人類）與世界的主要連結是由經驗（Experiencing）所構成，經驗不斷地重建世界；以及運用（Using）……運用讓我們能維持、改善和完善我們的生活。[1]

布伯描述了我們對「整體」的必要依賴，這種依賴反過來使我們身為整體的各個部分，得以生存和成長。一個人從大自然中採集木材並生火，這個經歷溫暖了我們，使我們能夠活下來並讓火持續燃燒。

布伯的話引導我們想到中國的思想家孔子。孔子說：

> 找到我們道德存在的核心線索，將我們與宇宙秩序（中庸）結合起來，這確實是人類的最高成就。（「中庸之為德也，其至矣乎！」）2

有意思的是，「宇宙秩序」在中文以「中庸」一詞表達。「中」的意思是「中心的」，而「庸」的意思是「不變的」。因此，人類的最高成就，就是要找到並維持內在與外在的中心，以及不變的元素。其中的假設是，發現並利用這些元素，將使我們與自有時間以來，在宇宙中一直處於中心而不變的事物連結起來。在精神、心理和情感方面，一個人的生活變化與進程，與宇宙中心和恆常不變的事物節奏一致，就提供了一種持久的敏銳度和力量。布伯概述了生存的本質，而孔子則概述了整體生活的本質。

我們每個人都需要生存並完整地生活。因此，任何能讓我們在個人、自我、社群和宇宙之間達到合一的恩典的努力，都是一種完整的生活狀態。任何形式的努力，都是在生活實踐中深刻而寶貴的工具。如果這種努力表現為合一的想法，我們可以反覆思考這個想法，直到心靈的根基加深。如果這種努力表現為在地球上挖掘的方式，那麼我們可以反覆播種，直到我們挖掘的地方長出植物。如果這種努力表現為我們對他人的關愛，我們可以透過共同的愛來愛自己。

德國哲學家尼采（Friedrich Nietzsche）與布伯和孔子的看法背道而馳，他說：

> 至於人生的其餘部分，例如所謂的經驗（experience），我們當中有誰能認真對待？或是有足夠的時間？說到這些事，我們的心思根本不在那上面，甚至不想聽……可悲的事實是，我們對自己來說，仍然是陌生人。[3]

尼采可能是反對孔子的人。他被譽為現代感性思維的建築師，他哀嘆的是個人無法勝任與整體保持同步的任務。根據尼采的說法，我們是風暴中的碎片，不效忠於任何召喚或驅散我們的力量。根據這位德國哲學家的早期著作，我們唯一的方法就是應用我們不屈不撓的意志。

很顯然的，我不是這個俱樂部的成員，雖然我承認有時候我們對自己仍然很陌生，但我從不認為這是必然的。因為這標示著求道者之間最古老的爭論：我們的旅程是關於合一還是分裂；是關於秩序或混亂；是關於創造的奮鬥，將我們轉變成像有翅膀的神馬佩格索斯（Pegasus）一樣令人振奮的生物；或是關於孤立的爭鬥，將我們孤立成一個像薛西弗斯（Sisyphus）的悲傷生物，因為欺騙冥神而被處罰的自私國王？

但我必須承認，現代社會的扭力帶著工業技術造成的孤立感強壓在我們身上。在現代的金屬和塑膠構成的，如繭一般的人工環境中，我們傾向於接受自己身為陌生人的命運——對我們自己、我們參與的社群和宇宙來說，都是陌生人。由於沒有機會更新我們的基本天性，我們正在慢慢默許現代的命運，對自己的經歷感到陌生。就這樣，我們的全球文化將尼采的提問視為戒律：我們當中沒有人夠認真地去體驗，沒有人有足夠的時間來做這件事。

一週七天，一天二十四小時，來自無數個頻道、無窮盡的資訊淹沒了我們，壓倒我們的不是人際關係，而是數據、演算法導致的孤立。針對這個現象，政治學家夏特史耐德（E. E. Schattschneider）說：

想要了解一切的衝動是通往瘋狂之路。人透過學習去分辨必須知道，以及不需要知道的事，而能夠在現代世界中生存……民主幾乎就像我們所做的其他事情一樣，是無知的人和專家的一種合作形式……如果我們沒有每天以千種方式對藥劑師、外科醫生、飛行員、銀行職員、工程師、水電工、技術人員、律師、公務員、會計師、法院、電話接線員、工匠和其他人充滿信心，我們就無法在現代社會中生活。4

當然，沒有這些事物，人們確實可以生活。所以，這裡的關鍵字是生存和現代。要以整體的方式生存，就要對一切充滿熱情。要以現代方式生存則需要二元思維，熟練地對什麼是必要的，什麼是不必要的，做出快速的是或否的決定。

那麼，故意無知這個概念就成為一種現代的生存策略，它允許無知和專業知識之間存在信任或共謀。當然，這是不可避免的。我不需要知道電視機如何運作也可以看新聞。我也不需要知道微波爐如何運作也可以烤馬鈴薯。

經濟學家將這種故意無知的領域稱為「消費者主權」。這是一種令人不安的說法，指買方的權力，保證購買與所有權比經驗與知識更重要。最後，這些權利將切割個體與整體，並讓個體優於整體的權利；如果我們認為經紀人擁有運動員，或雇主擁有雇員，那麼這些權利就會變得隱蔽而有害；如果我們想到奴隸主，這些權利就會變得可怕。

但同樣正確的是，我不需要了解任何光學的科學知識，就能看到東西。我不需要知道心臟的生理構造，就能去感受。我不需要了解西方思想史，就能想像。神祕主義者將這種更深層、與生俱來的理解能力稱為「先知的主權」，指的是一個人觀看、汲取、吸收和體驗等與生俱來的權利；而消費一詞的原始意義來自拉丁語consumere，意思是「完全吸收」。

因此，我們這個時代真正的危險，真正使我們孤立的社會壓力，隨處可見，就是侵蝕了先知的主權。這種狀況滲透到社會的每一個層面。因為當我們在孤立中屈服於飽和的資訊時，我們將生活的權威交給了專家，並退回到無知的殼中。

模範公民被預期的行為，就是服從和接受身邊的專家的建言，無論他們是記者、醫生，還是決定我們窗簾顏色的店員。好奇心已經變得具有侵入性，甚至具有攻擊性。而無知是預設的立場，它會帶你平安無災。它的慣性導致我們請教專家，來了解我們如何看待自己、如何看待上帝、如何為死者著衣。甚至還有專業的禮品服務，可以為你心愛的人選擇合適的禮物。專家的壓迫如此之大，導致任何追求自己經驗的人都被視為不正常。如果我們探究某件事的運作太久，那就太痛苦了；如果我們對政府政策的真相探究太久，就會變得激進；如果我們探究生命的本質太久，就會成為一個固執的青少年。

如果整體性是「先知的主權」的獎賞，正如布伯和孔子所說，那麼安慰就是對消費者主權的獎勵，安慰是心靈的鎮靜劑，使無知成為幸福，並使我們無法了解整體的情況。

學習與消費之間的矛盾造成了我們教育觀念的緊張。傳統上我們被教導要重視廣泛的知識，要成為博學的人，要尊重那些累積知識的人。但隱藏在故意無知之策略中的訊息，是只想學習必要的知識。這種差異造成我們自我價值感的落差。我們被教導要立志成為無所不知的人，但卻不知所措地被引導到故意無知的截斷式實用主義。這樣，我們就辜負我們被教導要重視的價值了。

到最後，人生的每一件事都被人用無知的緊迫感來對待：我不在乎它是什麼問題，只要修好就好。這就是為什麼許多醫病關係失敗的原因，因為一個好的治療師就像一個好老師一樣，希望坐在他們面前的人自己做些努力，而那些無知的人只想被修復，而且他們已經決定不需要知道內容。

這很像失明的人被有效率、舒適地照顧著，直到你期望，甚至要求，有人為你做飯、為你洗衣，告訴你哪些電影有趣、哪些書有意義、你的愛人看起來真正的樣子，告訴你世界上正在發生的事情。

很快的，你就會相信受到照顧、隨時被告知情況是你的權利。但也許有一天，你會從一切事物之中感受到一種奇怪的真實感。你對別人告訴你的一切感到懷疑。到了這個時候，我們之中的許多人都會變得痛苦，而且再也不相信別人說的話。但我們之中的某些人會更深入地挖掘與傾聽。我們之中的某些人，儘管經歷了漫長的旅程，仍然開始為自己建立一種生活方式，並質疑我們是否真的盲目。

一個人的生活變化與進程，與宇宙中心和恆常不變的事物節奏一致，就提供了一種持久的敏銳度和力量。

可以思索的問題

- 在日記中，描述你對於你認為是核心與不變事物的經驗和理解。
- 在與朋友或所愛的人談話時，描述你作為消費者的經驗，即別人為你提供生活各方面需求的權利。以及你作為先知的經驗，即當生命活動降臨到你身上時，你覺得有必要直接融入其中。最後，討論一下兩者的區別。

3 成熟的慈悲

不管我們怎麼想，用心傾聽會改變一切。

——馬克・尼波

愛是一切的練習場。透過愛，我們喚醒心靈，透過我們的雙手將關懷傳遞給世界。同時，痛苦不斷打破可以打破的事物，直到我們到達堅不可摧的境地；它不斷消除那些無法持久的事物，直到我們站在永恆之上。

這兩股力量相當於精神上的離心運動與向心運動，一種是傾向於使物體遠離中心，另一種傾向於使物體靠近中心。愛通常會讓我們走向外界，而痛苦往往讓我們停在中心裹足不前，即使這麼做違背我們的意願。我們人生旅程的演變，在很大程度上取決於我們如何適應與應對這兩股力量。我們在愛與痛苦的旅程中所獲得的洞察和智慧，可以帶來持久的轉變。

我們都在這段旅程中感受到愛和痛苦帶來的雙重影響，這為我們開啟了慈悲的人生。如果對他人無動於衷，我們就無法真正感受。但只要感覺到了，就無法迴避。只要看見，就無法視而不見。

雖然我們可能因為恐懼而在敞開心扉之後再次關閉，但已在我們內心打開的將永遠無法關上。

神祕主義詩人麥可．梅吉亞說：「未經歷或面對的痛苦會讓人變盲目。」[1]當我們否認痛苦對我們存在的影響時，我們就看不見支持著我們、更深層的生命之網。雖然我們會對他人的痛苦視而不見。然而，正如十九世紀浪漫主義詩人雪萊（Shelley）所說：「沒有不相關的痛苦。」[2]

因此，當我們透過愛與痛苦面對我們的感受時，我們就開始了對感受他人，以及與他人同感的藝術進行終生探索。在生命的早期，我們透過與他人的共同經驗而開始修練慈悲。如果我為內心受傷而苦，那麼當我目睹你受傷時，我很容易理解你正在經歷的感受。如果你失業了，在我被資遣的時候走進我的人生，我們很容易在共同的逆境奮鬥中將心比心。如果我感到被朋友或摯愛的人背叛，而當你被背叛時我就在你身邊，我們可以很快建立一種情感連結，幫助彼此度過難關。這種基於共同經驗的慈悲是一種持續進行、不會中止的學徒訓練。

多年來，當我逐漸削弱內心和世界之間累積的隔閡時，我逐漸發現，這種形式的慈悲是那麼地珍貴而必要，它也引導我們走向更成熟的慈悲。一旦我們把心敞開，能認同或理解他人，這會進一步引導我們，為那些與我們沒有共同經驗的人感到慈悲，這是一種高貴而必要的行動。

當我遇到一個在伊拉克戰爭中擔任軍醫的人時，我第一次經歷到這種強烈的體驗。雖然我試著把自己置身於他的世界裡，但我實在無法理解他的體驗。但我覺得有必要留在他身邊，因為他需要有人傾聽他的心情。我記得和他一起坐在酒吧包廂裡，我說：「我無法想像你經歷了什麼。」他當場拍桌並回我：「對！你不能！」我尷尬地把手放在他的手上說：「你說得對。我不能。但我在這裡。」然後我們就進入了我們從未有過的坦誠對話境界。

在這方面，我們面臨一個始終存在的巨大挑戰，就是對每個傾聽的對象保持專注，並且只要深入地傾聽，尤其是當別人的痛苦讓我們感到害怕而想要退縮時。面對這種迴避心態，我們的挑戰是要超越自己的不舒服，保持專注在當下。正如神父兼人道主義者亨利・盧雲（Henri Nouwen）所言：「慈悲意謂著完全沉浸在人類的處境中。」[3]

成熟的慈悲開啟了狂野而溫柔的關係領域，在這個領域裡，無論與我們自己的經歷有多麼不同，我們可以尊重他人的經歷。成熟的慈悲不僅擴大我們療癒與關心他人的範圍，而且編織了更大的網絡將人類整體連結在一起。最後，我們被召喚去實踐雙重的慈悲：繼續關心和我們有共同經驗的人，並把關心拓展到與我們經驗完全不同的人。每一次用心聆聽都會讓我們接觸到另一位老師。因為透過對他人的愛，我們學會並重新學習與萬物保持親密的關係。

布萊恩（Brian）是一個用心觀察的溫柔範例。他是和我一起旅行一年的團員。我們正在探索我們的內心與我們在世界上的位置。在我們上次碰面時，我問每個人這一年學到了什麼。布萊恩流著淚說，無論他如何嘗試想從過去的一年中找到學習的內容，他總是一再回想起父親幫他繫冰鞋的記憶。在他六歲的時候。早上六點三十分，黎明時分，他父親會在出發去上班前看他滑冰。

對父親現已過世的布萊恩來說，這不僅僅是他偶然的記憶。正是敞開心扉後得到的視野，讓他在這麼多年後，能夠透過他父親的眼睛看世界。於是，他以一種從未想像過的方式感受到父愛之深切。這就是他在我們相處的時光中學到的——如何用慈悲的眼光看待事物。布萊恩的內在探索撬開了他的心扉，使他能夠看到、並感受到從那時到現在的生命軌跡。透過他對父親的愛而浮現出來的情感弧線，讓他重新進入與萬物的親密關係。

教師兼社群領袖莎莉・黑爾（Sally Hare）表示：「教育的目的是消除個人與社群、內部與外部之間分離的錯覺。」這也是慈悲的目的。[4]

從深層一點的意義來說，慈悲是一種心靈的專注，強烈地存在於各個方向，這些方向不限於人類的領域。音樂家在演奏他們的音樂時，展現了這種心靈的專注。園丁在播種與照顧植物時會全神貫注。賞鳥人在觀察並驚嘆飛鳥的奇觀時，展現了這種心靈的專注。畫家觀察光的本質並試圖在畫布上呈現出來時會全神貫注。

我認識一位老畫家，他的靈魂熱愛他所畫的光。當他全心投入地觀察光，以及它在古老的房屋和盤根錯節的樹木之間移動的所有方式時，光在他的面前就顯得更耀眼。這就是用心去看所能達到的奇妙境界。這就是自由奔放的愛所能做到的。它讓生命傾注於一切正在熱愛的事物。這就是為什麼那些愛我們的人，比陌生人更能看到我們是誰。這就是為什麼藝術家、詩人、生物學家和教師比其他人更能在他們的專業領域和學生身上看到更多的原因。因為他們的愛使事物的本質更充分地顯露出來。在這一點上，我們都是藝術家。因為我們每個人都有愛的能力，並透過愛讓生活離我們更近。無論你從事什麼技能、工藝或工作來表達這種愛，都無關緊要。任何努力——即使是提水或洗碗——如果被愛所激勵，都可以成為慈悲的一種形式。

透過對他人的愛，我們學會並重新學習與萬物保持親密的關係。

可以思索的問題

- 在日記中，描述當你發現你與另一個人有一些共同經歷時，你對他產生了慈悲心。向這個共同經驗敞開心扉，對你以及你與這個人的關係有何影響？
- 在與朋友或所愛的人談話時，討論你對另一個與你沒有任何共同點的人產生慈悲心的時刻。是什麼因素讓你向這個人敞開心扉？向這個人敞開心扉對你的生活有何影響？

4 內在的檢傷分類

一首美妙的歌沒有被唱出來，就是醞釀於內在的可怕風暴。

——馬克・尼波

奇怪的是，疼痛喚醒我們，悲傷讓我們沉睡。我們在內心深處百感交集、掙扎、激動不已，然後穿好衣服、泡茶，就好像什麼都沒發生過一樣。這種試圖像什麼都沒發生過一樣、繼續生活的現象，耗盡了我們的生命。因為在所有形式的道德懺悔之下，我們所遭受和造成的傷害，如果從不去面對，就會留在我們的骨子裡。它們會從內到外削弱我們的力量。我們被未曾說出的、未曾面對的、未曾承擔的事物所吞噬。而明知我們必須打開整個身心，就像打開原本閉上的眼睛，卻不這樣做，才是孤獨的真正原因。

為了中止我們的孤獨，必須冒險去關心他人。理解他人並不是同情的必要條件，只要看到那些受損的事物仍然有生命力，便足以激發我們內心的憐憫與慈悲。

我的妻子蘇珊接受了腕隧道症候群手術。當我在候診室數著時間時，我回想起自己的癌症手術，並被手術的奇蹟，和所有曾經被手術修復的人們的感激之情所感動。這種感覺一直伴隨著我。現在，我被愛的奇蹟和所有曾經被愛治癒的人們的感激之情所感動。

也許這就是愛的核心目的：用關懷的手術解開彼此的心結；讓一個信任的人深入我們的內心，以解開我們無法看到或觸及的事物，這樣我們就可以得到治癒。這不就是治療的目的嗎？這不就是信任的核心原因之一嗎？

從醫學角度來說，檢傷分類（triage）是評估傷口和疾病的緊急程度，以決定優先需要治療的傷害。這個概念來自法語單字trier，意思是「篩選」。我們在這裡探索的是一種內在的檢傷分類，透過這種分類，我們可以確定心理、情緒和精神創傷的緊急程度，以便優先治療最嚴重的傷害。我們如何在內心篩選出哪些需要我們立即全力關注的問題，並區分出哪些可以稍後處理，甚至可能是干擾的問題呢？

醫學教育家奧雷利亞．克魯尼（Aurelia Clunie）證實：

歷史上最早的外科手術證據是顱骨穿孔術（trephining），即在頭部切一個小洞。這種做法早在西元前三千年就已經出現，並延續到中世紀，甚至文藝復興時期也有。古代文化中顱骨穿孔術的最初目的尚不清楚，有些人推測它可能是用來清除體內的邪靈。這種做法在歐洲、非洲和南美洲都很普遍。根據癒合的頭骨證據顯示，有一些患者在手術中倖存下來。顱骨穿孔術在古埃及持續作為治療偏頭痛的方法。[1]

幾個世紀以來，我們一直試圖清除體內的邪靈，並減輕頭部的壓力。各種形式的冥想都是為了減輕頭部的壓力。藝術，無論是創造它們還是體驗它們，都有舒緩頭腦中烏雲的力量。而友誼和關懷確實可以緩解焦慮和孤獨的壓力。冥想、藝術、友誼和關懷都在我們的思維中鑽出小孔，以幫助我們重新感受生命的活力。

治癒的首要問題一直是：我們如何減輕彼此的痛苦？據說，部落的治療師薩滿會陪伴那些陷入悲傷的人，用他的第三隻眼，將他的關懷——像一隻看不見的手——深入悲傷者內心的黑暗。過了一會兒，薩滿會將悲傷者的烏雲從他們的身體中拉出來，讓失落的情感自然地與心靈的健康部分融合。因此，需要緩解壓力的不僅是頭部。

與檢傷分類一樣，治癒內在傷口的首要任務是止血，並確保呼吸和認知功能穩定且正常運作。從內在來說，這相當於透過將創傷感從當下分離出來以恢復安全感。我最害怕的往往是隱約連結到過去或未來的創傷。因此，儘管有種種困難，我需要重新安住當下，才能打開傷口。

一旦內部傷口暴露在空氣中，就需要包紮。為了消毒，就必須面對需要面對的事情。包紮內部傷口以使其開始癒合，通常需要所愛之人接納我們的痛苦。我們以溫柔而堅韌的方式，為彼此提供繃帶。在所愛之人的幫助下保持開放，直到痛苦、恐懼和絕望的烏雲消散，是一種精神上的檢傷分類。

我們絕不能低估烏雲阻擋我們與生俱來的本性的力量。在人的一生中，有很多事情會阻礙或遮蔽我們的視野，例如痛苦。當痛苦緊緊抓住我們不放時，通常就會遮蔽我們的思維，讓我們陷入黑暗的翻騰之中。

就像突然出現的刺眼陽光會使我們眼前一黑，突然出現的疼痛也會使我們心靈的視野變暗，使我們看不到需要修復的地方。疼痛也具有突然崩潰的性質，足以掩蓋事物的全貌或整體發展。在受到壓迫的那一刻，我們所感受到、所看到的就是痛苦。可以理解的是，受到傷害時，我們會本能地將注意力集中在疼痛的部位。然後，在這一刻，整個世界只剩下割傷、顫動或疼痛，使我們幾乎無法接受其他的事物。

但當我們崩潰時，生命的莊嚴和流動、變化並沒有停止。儘管我們的痛苦似乎無所不在，但我們必須抵抗以痛苦的色彩來重繪世界的衝動。因為我們總是在努力超脫我們的痛苦、恐懼和絕望。

我妻子做完手術醒來時，我就在她身邊。當她精神稍微回復時，她說她很渴。我為她倒了點水，然後我們開始緩慢的回家之旅，在那裡，我們繼續學習生活的藝術。

我們被未曾說出的、未曾面對的、未曾承擔的事物所吞噬。

可以思索的問題

- 在日記中，描述目前困擾你的情緒痛苦或恐懼。嘗試確定需要優先處理的先後順序。然後，確定你可以向誰求助，向誰開誠布公地打開這個傷口。也就是，誰可以與你一起聆聽這個痛苦，以便傷口可以開始癒合？最後，去找這個人並開始治療這個傷口。

5 限制帶來的矛盾

一個人辛勞的最高回報不是他因此得到什麼，而是他透過辛勞成為什麼樣的人。

——約翰・羅斯金[1]

三十五年前，在我與癌症共處的旅程中，我在脊椎穿刺後被迫一動不動地躺著。從那時起，我就在體驗並學習限制的矛盾——將限制轉化為優勢。最近，我將多年來累積的心得，像項鍊上的珠子一樣串在一起。以下內容試圖闡明我所學到的許多心得和例子。

我們都會遇到限制。這是生命中不可避免的一部分。在面臨限制時，我們被要求將其視為老師，並沉浸在即將展開的旅程中。以下有一系列故事可以讓我們更清楚地了解這一點。

我的父親已經過世快十年了，我還在持續向他學習。有很多事，我認為他不知道他在教我，我當然也不知道我在學習。其中有一項深刻的學習是關於沉浸和投入。我的父親是一位木工大師。正如我之前提到的，他在我們家後院建造了一艘三十英尺長的雙桅帆船，我在這艘雙桅帆船上度過大部分的青春歲月，經常在長島附近的大南灣來回航行。

他還會花幾個小時在地下室的工作室製作帆船模型。他購買一八〇〇年代的帆船藍圖，然後以無限的細心和耐心，按比例建造它們。有一天晚上，在晚餐後，他隱身在他的工具小王國裡，我悄悄地坐在地下室樓梯的最高一層台階上。我當時八、九歲，他不知道我坐在那裡。我看著他用鑷子小心翼翼地工作，將纜索拉到他的一艘模型船上。我從未見過有人如此全心全意地專注於細節。那一刻，有一些神奇的事情正在展開，但直到幾年後，我才意識到當時發生了什麼事。我父親沉浸於建造他的模型船，以至於進入了每位造船人都曾經歷的時光。他證明了，沉浸的第一個獎勵是一體性的體驗。卓越只是這種沉浸狀態的副產品。

沉浸的第二個獎勵是，透過沉浸在每位造船人共同的體驗中，我父親被那些永恆的努力所鼓舞。這是韌性的核心，透過如此徹底投入於我們要面對的事情，我們融入了前人和後人的生命之流，並在這股生命力的潮流中被提升。

從那時起，我就明白了，如果我的目標是卓越，我可能會做得很好，但可能永遠不會體驗到上述的一體性。就像火焰散發出熱力一樣，如果我全心投入，我就會根據努力的本質，而留下一連串美好的成果。

沉浸和投入的第三個獎勵是，透過完全專注於當下，我們其實把所有的生命帶到自己面前。所以，一旦沉浸其中，就無處可去。印象派傳奇人物克勞德・莫內（Claude Monet）是沉浸和投入的堅定典範。他強烈投入於精準描繪他所看到的事物，以此來揭示光影的奧妙。法國總理喬治・克里蒙梭（Georges Clemenceau）表示，莫內和梵谷就像人體顯微鏡，揭露了我們對事物的表面理解之下所存在的光影和能量的模式。

在莫內還看得見的漫長生命中，雙眼都出現了白內障，最後在八十三歲時接受了手術。早期的手術並不成功。但莫內從未停止作畫，無論是在手術失敗之前還是之後。令人心疼的是，透過白內障遮蔽的視力，他畫出了無比精湛的《睡蓮》。他窮極一生都在磨練自己看的能力，最後落得只能透過損傷的視力來畫出他的傑作。無論發生什麼事，他仍然投入於注視、觀看，並盡量準確呈現他所看到的事物。因此，莫內是關於限制的矛盾的第一個例子。

一九八七年十月四日，當我正處於癌症的療程時，發生了一場厚重而潮溼的暴風雪，導致數百棵樹倒塌。街道看起來就像戰場。當時，我面臨著下一步該做什麼的困難抉擇，似乎沒有一個好的決定。走過那些樹木被毀的地方，給了我深刻的啟發，這項啟發一直伴隨著我的一生。那天在暴風雨來臨之前，樹木的顏色鮮豔，長滿紅色和橙色的葉子。但無論曾經多麼燦爛，樹木都會倒下，因為它們緊緊抓住葉子，無法擺脫雪的重量。我當場成為參透放手的藝術的學生，我意識到，在我的癌症之旅中，唯一的出路不是表現出色，而是坦然面對。

另一位偉大的印象派畫家卡米爾・畢沙羅（Camille Pissarro），面對逆境的方式也很有啟發性。一八七〇年，普法戰爭爆發，畢沙羅與家人緊急逃往倫敦，將所有畫作留在巴黎郊外的農舍。戰爭結束回國後，他發現自己二十年來創作的一千五百幅畫作只剩下四十幅左右。因為普魯士人在為軍隊殺羊時，用他的畫布作為門墊和圍裙。

備受打擊的畢沙羅，在他開墾出來的農場裡四處徘徊，最後決定重新開始。於是，在四十一歲時，畢沙羅開始描繪他所見到的法國鄉村光影的精湛畫作。他所有懸掛在世界各地博物館中的傳奇作品，都是從那個時候開始創作的。畢沙羅印證了一定要重新開始的必要性，相信無論發生什麼事，我們都可以重新出發，並讓被奪走的一切，成為永遠無法被奪走的一切的起點。

隨著癌症之旅的進展，我被恐懼征服，我似乎無法保持沉默或克服這種恐懼。有一天晚上，中國唐代偉大詩人杜甫在夢中拜訪了我。他盤腿坐在靠近水邊的海灘上，用一根樹枝在沙上做記號。我連忙走近，急切地問道：「怎樣才能阻擋恐懼呢？」他不理我，這讓我更害怕。我靠近了一些，更堅定地問道：「我該如何消除恐懼?!」他沒有看我，反而把樹枝拿在頭頂上揮舞著說：「樹怎麼能擋住風呢？」說完，他就消失了。我當場也醒了。

當然，樹擋不住風。樹讓風通過。因此，倒下的樹木教會我，挺過風暴的唯一方法，就是擺脫所有不必要的東西；而杜甫則教導我，挺過內心風暴的唯一方法，就是讓一切經歷過去就好了。

約翰．米爾頓（John Milton）在一六〇八年出生於倫敦，是繼莎士比亞之後的第一代詩人。他是一位政治家、外交家和散文家。但他的詩作並沒有受到重視。儘管如此，無論人們是否接受，他仍然忠於自己內心充滿詩意的聲音。由於青光眼未經治療，米爾頓的視力逐漸惡化，直到一六五二年，四十四歲的他完全失明。這讓他感到無所適從。但六年後，在一六五八年，這位沒有人認為是詩人的盲人詩人，在沮喪和貧困中，開始向包括他女兒在內的助手口述他的史詩《失樂園》（*Paradise Lost*）。他不確定自己所做的事是否值得，但他仍然忠於那個一直引導他的內在聲音。

他又花了六年的時間才完成他的史詩，由塞繆爾．西蒙斯（Samuel Simmons）於一六六七年出版，該版本一套十本，有一萬多行詩。當時賣價是三先令。儘管他可以手拿書本，但他永遠看不到或讀不到其中的任何一個字。米爾頓向我們展示，當你看不到外在時，你可以看到自己的內心。他證明了每個靈魂的視野是多麼獨特，其價值沒有人能賦予，也沒有人可以奪走。

在差點死於癌症近二十五年後，我發現自己患有因化療而引發的疾病。由於神經病變，我的胃沒能從一次嚴重的流感中復原，留下胃無法排空食物的後遺症。這種情況稱為胃輕癱（gastroparesis）。它可能是慢性的，但我很幸運地在七個月內解決了這個問題。這段期間，我吃不了太多東西，體重也下降很多。由於發病模式不可預測，我會突然感到一陣劇痛，有時是因為咬了四口，而不是三口。對於患有這種疾病的人來說，很常見的情況就是開始害怕吃東西。

在密西根州，每年夏天我們會有幾天可以看到巴爾的摩金鶯的芳蹤。那年夏天，在一個陽光燦爛的日子裡，牠們出現在我們的餵食器上，我迅速而安靜地走到窗前去看牠們。那一刻，我感到一陣劇烈的疼痛。這就是限制帶來的矛盾。我無法忽視或否認我的痛苦，但我不想錯過金鶯的美麗。不僅僅是因為牠們小小的華麗身姿，更是因為牠們的美麗正是我療癒所需的一部分藥物。

於是，在有些尷尬中，我一邊承受疼痛，也一邊領受了金鶯的美麗。生命告訴我，雖然我們的限制迫使我們在美麗面前停下腳步，但為了治癒，我們必須接受所有事物。那一天，一個深刻而不言而喻的真理出現了：我們被要求在受苦的同時，也接納美麗。我們不斷面臨的挑戰就是，不要把追逐美麗當作逃避痛苦的方式，而是要讓美麗與痛苦交織，以調校我們的痛苦程度。而且，儘管我們極力抗拒，但限制卻迫使我們只能待在原地。

美國內戰期間，華特．惠特曼（Walt Whitman）得到消息，說他的兄弟喬治（George）在戰鬥中受傷了，於是他立即趕到喬治的身邊。他的兄弟只受了一點輕傷，但在尋找他兄弟的途中，惠特曼看到了戰爭的巨大代價。這種痛苦使他繼續擔任雙方的志願軍醫。

同一時期，一位意志堅定的年輕女子克拉拉．巴頓（Clara Barton）也在照顧傷者。到戰爭結束時，她已經手寫了兩萬兩千多封信給傷者或亡者的親人。後來她繼續成立紅十字會。華特．惠特曼和克拉拉．巴頓都樹立了榜樣，當我們認為無力再付出時依然敢於付出，我們最深層的天賦就會顯現。

一個世代之後的一九一〇年，姜戈．萊因哈特（Django Reinhardt）在巴黎郊外的一個流浪商隊中出生。他是演奏班鳩琴的神童。無論商隊走到哪裡，姜戈都會演奏，因此很快就出名了。但十八歲時，商隊遭遇一場嚴重的大火，他本人也嚴重燒傷。在住院的一年半裡，醫生建議他右腿截肢。他拒絕了，並學會如何拄著枴杖走路。但更關鍵的是，他左手的無名指和小指因燒傷而永久僵硬，讓他無法彈奏班鳩琴。

有一天，姜戈的哥哥留了一把吉他在他的床邊，他不情願地拿起它。一段時間之後，他自己學會彈吉他。由於他無法將左手沿著指板從琴頸移動到琴身，他發現了一種新的和弦方式，就是將他殘廢的手指在指板上移動。這種新的和弦方式成為現代爵士樂的基礎。當莫內透過白內障看到他精湛出色的《睡蓮》時，萊因哈特左手的限制讓他看到了通往爵士樂的大門。

還有一位勇敢的音樂家，那就是貝多芬。對我來說，他的勇敢是因為他是個擁有非凡天賦的平凡人。想像一下，你註定要為世界帶來以前從未聽過的音樂，但在同時，你卻漸漸失聰了。雖然貝多芬的天賦令人振奮，但他日益惡化的疾病限制，卻帶來強烈的影響。一八〇二年，他去了維也納郊外一個名叫海利根施塔特（Heiligenstadt）的小鎮，表面上是為了休息和獨處。其實他正在考慮自殺，因為想創作前所未有的音樂，卻眼看著自己即將無法聽到樂音，這個狀況令他越來越難以忍受。

貝多芬其實開始寫遺書，這份文件反而成為韌性和耐力的證明。他真實表達絕望的情緒之後反而讓他有能力宣布，他將回到維也納，並在有生之年盡情地用他所擁有的能力創作最多的音樂。這份文件被稱為《海利根施塔特遺囑》（*Heiligenstadt Testament*）。他把它摺起來，放在維也納辦公桌最上層的抽屜裡，然後開始創作這些被認為是他當時十年來的傑作。

在貝多芬這些無與倫比的作品中，有一首名為 *Opus 131* 的弦樂四重奏（即《弦樂四重奏第14

號》）。這首曲子的獨特之處在於它有七個樂章，而不是傳統的四個樂章，整部作品沒有間歇與停頓。現在，甚至在當時，專業的弦樂音樂家也會利用暫停時間來重新調整樂器。因為你不可能彈奏四個樂章，琴弦都不會走調，更不用說彈奏七個樂章了。那麼，貝多芬這樣做的目的又是什麼呢？我相信他是在說，無論我們如何練習，生命都不會止息。因此，音樂就像人生，我們會邊走邊調整。它不會是完美的，也不會總是合拍的，但無論如何我們都被召喚去創作音樂，雖不完美，但會竭盡所能地創作。

這些故事和它們所提出的挑戰，帶我們回到自己的人生，思考我們在世界上立足的方式。我們如何傾聽我們的限制，並透過我們的痛苦，發現正在等待、尚未發揮的天賦？沒有明確的答案，但這些故事提供了許多誓願，我邀請你透過做出承諾，並將這些誓願加以個人化，並用這樣的方式生活：

- 追求沉浸而非卓越，以體驗一體性並得到韌性。
- 持續觀察並看清事物的本來面目。
- 面對逆境時停止執著，學會放手，以保持內在的純粹與本真。
- 讓困難的事情過去，例如痛苦、恐懼、焦慮和懷疑，以便從能持久的事情中汲取力量。
- 尊重重新開始的需要，相信無論發生什麼事，我們都可以重新出發。

• 尊重內心探索的需要，並相信生命的聲音，因為它對我們每個人傳遞訊息。
• 在我們認為已經沒有更多的能力可以給出時，繼續試著給出，這是發現我們最深層的天賦的方法。
• 堅持下去，但不要執著在已經失去的，而是要探索我們的限制會將我們引向什麼新的領域。
• 並接受無論我們多麼全心投入、沉浸其中，必須邊走邊調整。我們必須放棄完美，並透過全心全意來充實生命。

我們每個人都有夢想，在實現夢想的過程中都會經歷風雨而跌跌撞撞。接下來要做的事非常重要。有時候，跌跌撞撞是因為我們自己的固執或盲目。有時候，跌跌撞撞是受到無法控制的事件的一連串變故所波及。無論是哪一種，我們都像畢沙羅一樣面臨著挑戰，一定要重新開始，相信開始，並讓被奪走的一切，成為永遠無法被奪走的一切的起點。

滿懷希望卻被打敗時，要獨自承擔通常是不可能的事。因此，尋求協助讓自己重新站起來並不可恥，嘗試徹底擺脫痛苦也不可恥。人生最了不起的時刻不在於消除錯誤，而是解開構成麻煩的線材，並用這些線材來重編生命的織布。

我們不斷面臨的挑戰就是，不要把追逐美麗當作逃避痛苦的方式，而是要讓美麗與痛苦交織，以調校我們的痛苦程度。

可以思索的問題

- 在日記中，描述你正在努力克服的限制。這個限制在哪些方面阻礙了你的生活？這個限制正在引導你走向什麼新的方向？為了朝向新的方向邁進，你需要學習哪些新技能？
- 在與朋友或所愛的人談話時，描述一位你讚賞的人，他已經將限制轉化為優勢。你讚賞這個人的哪些方面？他透過什麼生活方式或行為發現自己的限制？描述一下這些特質在你身上發揮的地方。

6 放下秤，進入天堂

就像所有人一樣，我被教導正義是盲目的，然後給我一個秤來斟酌和衡量一切。然後，有人偷偷地告訴我，每個人都會偷看並把手指放在秤上。多年後，在經歷了瀕臨死亡又甦醒過來的迷宮之後，我偶然讀到一位一千五百年前的人說過的話，他說，我們想要救一個掉進井裡的孩子的衝動，才是我們人類的本質。①這是中國的哲學家孟子用這個意象來定義「仁」的概念。

這讓我想起我的第一隻狗薩巴，牠第一次在雪地裡玩耍時，掉進結冰的池塘裡。當時我的心砰砰跳，未經思索就進入那座池塘，在牠快下沉時把牠救了回來。這讓我想起我最老的朋友羅伯特。當我切除發生癌變的肋骨後甦醒時，我看到他將一條毛巾放在我的額頭上。這讓我想起蒙特婁的聖約瑟夫大教堂（St. Joseph's Oratory），兩百年前，那裡的一名看門人後來被發現是一名療癒者。現在，有一面牆掛滿了被他救回來的人的枴杖。這讓我想起古代的薩滿巫師，他們相信以開放的心把手放在病人身上，可以從他們的身體和頭腦中排出毒素。這讓我想起耶穌告訴富商，放下秤，現在就能進入天堂。

真相是，就像我們許多人一樣，我被衡量得失的地獄所困擾，但天堂在無法被衡量的一切中等待著。事實上，我們虧欠了那些救了你我生命的人，他們不顧一切把我們從火海中救了出來。

天堂在無法被衡量的一切中等待著。

可以思索的問題

- 在日記中，講述某個人放下某件事以便為你提供一些照顧的故事，以及這個幫助如何讓你擺脫困境或振作起來。
- 在與朋友或親人交談時，描述最近一次讓你停下來並為其瞬間意義所震驚的時刻。在不將這個時刻與其他任何經歷比較的情況下，你如何傳達它的影響力？

①譯者註：《孟子・公孫丑上》：所以謂人皆有不忍人之心者，今人乍見孺子將入於井，皆有怵惕惻隱之心。

第五章　恢復我們靈魂的親族關係

關係是這個表象世界的基本真相。

——羅賓德拉納特・泰戈爾（Rabindranath Tagore）[1]

本章將探討以下能幫助我們的方法：

- 為彼此提供溫暖，以解凍科技造成的人際關係冰封狀態。
- 修復我們自身如風暴般的性情，以防止身心在未來變得不穩定而具有破壞性。

所有永恆的知識都存在於將宇宙連結在一起的關係網中。無論主題為何，每個知識領域都是建立在生命的基本合一性之上，而這種合一性是透過關係而顯示。偉大的導師霍華德・瑟曼（Howard Thurman）說：「人性的核心有一個整體性……當其他的一切都崩毀時，它就會發揮作用。」正如波浪只在被大海抬起時才是波浪，只有在被人類內心的整體性抬起時，每個靈魂才能存在於世界上。我們一生的展開是一次內在的旅程，使我們能夠融入那個將宇宙連結在一起的關係網中。儘管我們各自的道路會有所不同，但所有內在的展開都引導我們到達相同的深度。本章將探討進步和體現之間的差別、所有名稱背後存在的本質、伴隨奇蹟與悲劇而來的恩賜與壓力、偏離與回歸不斷持續的過程、在逆境中的靈魂親族關係，以及我們無法抑制的學習需求。

1 為他人做事，為自己見證

有一個部落因為受到迫害而向西方遷移。他們移居到山區，在高原上定居下來，然後一起清理這片森林，並建造自己的家園，創建一個聚落，部落的長老將其命名為克雷斯特維尤（Crest-view）。隨著時間的流逝，他們的孩子在這個地方出生，每天醒來都能在空曠的地方看到廣闊的景色。

這個小故事最矛盾的地方在於：有時候我們必須進行朝聖之旅，到曠野生活，才能看到生命的廣闊；有時候我們以為是與生俱來的權利，其實是受惠於前人的遺澤。有時候我們必須倚靠別人的決心和艱苦奮鬥。然而，人生中還有每個人必須獨自經歷的其他階段。

我們可以將第一個過程稱為進步，將第二個過程稱為體現。在我們漫長的人生旅程中，我們體驗著這兩個過程。進步是把一代人的努力成果傳遞給下一代。例如我父親不必爬上洛磯山就能看到大陸分水嶺（Continental Divide）上的日落，因為他可以看照片。而我現在透過在網路上觀看影片，甚至可以看得更近、更清楚。

但是如果我們不自己攀登，就會失去某些事物。因此，體現為我們提供了無法重複的直接生活經驗，幫助我們體會活著的意義。我們雖然可以從前人的生活經驗中獲益，但除了你自己之外，沒有人可以代替你進入或理解這一生。

有些人放棄進步而成為自然主義者，認為進步為我們的生活增加了一層隔閡，使我們與人的本性分離。他們回歸到最簡單的外在生活形式，以更新他們內在的生命體驗。其他人，例如我，找到一種創造性的生活形式來全心投入，以便體驗同樣煥然一新的生命感受。正如李維史陀①所說：「藝術是保留想像力的荒野，就像保留自然環境的國家公園一樣，在文明社會中倖存。」──1

進步或體現並沒有本質上的缺陷。進步的核心原則是服務──為他人做事。體現的核心原則是真實性──為自己觀察、見證。在最好的情況下，我們可以過著真正的服務人生──為他人做事，同時為自己見證。在痛苦、恐懼或迷茫的時候，我們常常試圖把自己的觀點強加給別人，而且只為自己做事。當我們被生活的不確定性擊垮時，就會把與生俱來的親眼見證權利交給強勢的父母或伴侶，或交給某個保守的傳統。但是，素養最深厚的領導者，是聚集並和每個人分享進步禮物的人。而素養最深厚的老師，則是提供歷代的智慧來支持每個人去親眼見證的人。

那麼，在任何一天都可以進行的精神盤點就是：你為別人還是為自己做的更多？你是透過別人還是自己在看事情？你對自己生存的時代的進步程度感恩嗎？你直接過著你被賦予的人生嗎？你是否正在教導周圍的人如何觀察，還是教他們看到你所看到的？你是否正在教導周遭的人分辨為他人和為自己做事的差異？你是否正在學習這兩者之間的平衡？

為他人做事加深了我親自見證的能力，而親自見證加深了我為他人做事的能力，也一直是我的體驗。這告訴我，真實和服務是密不可分的，真實地做自己使我們能夠為世界做好事，而反過來，為世界做好事又恢復了我們的真實性。這揭示了我們的本質和行為之間的持續聯繫，通常稱為真誠。我只知道我是在幫助和被幫助中成長的。我試著在我的詩〈告訴我你來了〉，表達給出者與接受者之間的緊密關係：

奇妙的是，
當我們敢於給出時，
無論是誰出現，
他們的麻煩中
都隱藏著我們所需要的事物。[2]

就像我們的前人一樣，我們每個人都必須找到自己通往曠野的道路，在那裡，我們可以在廣闊的生活中建立一個家。我們每個人都必須傳承我們所能傳承的，如此，隨後而來的人就有機會喚醒

①譯者註：Claude Lévi-Strauss，法國二十世紀的人類學家與民族學者，他所建構的結構主義與神話學深深影響人類學，對社會學、哲學、語言學也有深遠的意義。

自己的生命，而且除了他們自己之外，沒有人可以代替他們活出自己的生命。就像我們的後人一樣，我們每個人都被召喚，要揭示並活出為「他人做事」和「為自己見證」的雙重原則。

在最好的情況下，我們可以過著真正的服務人生——為他人做事，同時為自己見證。

可以思索的問題

- 描述一次為他人做某件事而加深了你親眼見證的能力，以及親眼見證的時刻加深你為他人服務的能力。
- 在與所愛的人或朋友談話時，描述從你祖輩的一生，到你父輩的一生，再到你自己的一生，你從前一代人中受益而進步例子。然後，描述一個體現的例子：你的祖輩和父輩必須面對的一些歷程，就像你在生命中所經歷的那樣。

2 奇蹟與悲劇

對我來說，光明與黑暗中的每一個時刻都是一個奇蹟。

——華特．惠特曼

每一個生命都是一個奇蹟，也是一個悲劇，這些不可否定的力量有時會壓垮我們。所以，我們第一個史詩般的奮鬥是，不要被淹沒在悲劇的深處，也不要在奇蹟的超然牽引下離開生活。我們第二個崇高的無止境奮鬥是，讓奇蹟的輕盈和悲劇的沉重，持續在我們心中交織，這樣我們才能徹底活著，並活在當下。

我很幸運地經歷了自己生命中的奇蹟和悲劇。我所能做的就是見證這個奧祕：奇蹟不是讓我們豁免於生活的壓力，而是在內心生起一種難以解釋的堅毅，在生命的力量將我們捲入逆流時，堅毅讓我們有本錢去承受這些激流。

謙虛地說，雖然我不時會感受到這股堅毅，但它並不屬於我。就像雄鷹能揚起翅膀，不僅只靠牠自己的力量。或是來自我們內心湧現的真理，並不僅屬於我們自己的創見。我們頂多是某種恩典的意外載體，這種恩典激發了我們的本能，在任何需要關懷的地方提供援助。

儘管如此，我們還是無法逃避奇蹟與悲劇的交互作用，就像貝殼無法逃避海浪的拍打。因此，我們必須找到一種方法，在破碎中的感受到裂痕，並在裂痕為我們及身邊的人帶來的機會中發現奇蹟。這一切都不容易，也無法完全理解，只能在經驗的根本層面才能體會到。

用這樣的方式來想像一下。有時候，帶來生命的傾盆大雨，會在釋放春天的途中折斷一根樹枝，一旦暴雨消失後，樹下的花朵就生機勃勃地綻放。有時候，一個被花朵的狂野色彩所吸引的男孩，會在花叢中發現那根斷裂的樹枝，並把它帶回家，偷偷為他那駝背、但笑容可掬的祖父雕刻一根枴杖，而祖父的身體就像那根樹枝一樣彎曲。

從故事的外部來看，這似乎是一個甜蜜的偶然事件。但在輪到我們成為被折斷的樹枝時，上帝就顯得無情，生命也變得毫無意義。這在某種程度上是正確的，因為只要我們拒絕或忘記再次睜開眼睛去看，光明的世界似乎就消失了。儘管悲劇真實而令人痛苦，但它也像奇蹟一樣接近，只要我們打開眼睛、打開心扉或敞開心智。確實，走出悲劇的唯一方法就是敞開心扉，讓失去的光明世界再次進入，這確實具有挑戰性。

再次打開心靈或眼睛通常很難獨自完成，我們需要他人的幫助。但無論我們是否再次睜開眼睛去看，奇蹟與悲劇永遠緊密相連，就像白天與黑夜永遠交替出現。

然而，在人生的歷程中，在悲劇的痛苦中很難對奇蹟保持開放，在奇蹟的安逸中也很難對悲劇保持開放。但對兩者保持開放，可以擴展我們的意識並豐富我們的心靈。因為，正是生命那莊嚴的力量，一次又一次地激勵我們、打擊我們，直到我們被重塑為一種意想不到的美麗。

> 我們無法逃避奇蹟與悲劇的交互作用。

可以思索的問題

- 在日記中，探索你自己在極端超越（過度脫離生活）和極端落地（過度陷入生活境況）之間的掙扎。
- 在與朋友或所愛的人談話時，描述最近發生在你生命中的奇蹟和悲劇。

3 我們需要學習

醒來的人是學生。
保持清醒的人是老師。
我們在其中輪流。

——馬克・尼波[1]

地球上的每一種文化都有一個稱呼老師的名稱：印度教是「古魯」（guru）、意第緒語是「拉比」（rebbe）、中國是「先生」、阿拉伯是「穆達里斯」（mundaris）、越南是「交為」（giao vien）、土耳其是「歐格瑞門」（ogretmen）、威爾斯是「艾斯洛」（athro）、立陶宛是「莫奇托賈斯」（mokytojas）、義大利是「因辛揚德」（insegnante）、捷克是「烏契特爾」（ucitel）、挪威是「拉耶勒爾」（laerer）、約魯巴是「歐魯寇」（oluko），而祖魯是「烏帝夏」（uthisha）。

在英語中，「老師」（teacher）一詞可以追溯到古英語，意思是「展示或指出」。「老師」與「表徵」（token）這個詞相關，意謂著「事實、品質或感覺的可見或有形的表現」。因此，悠久的教學歷史深植於誓願成為通往一切重要事物的窗口。為此，教學一向仰賴示範操作的藝術。最偉大的老師提供的是例子、榜樣，而不是指令。最偉大的老師帶領學生找到他們自己內在的老師。

無論主題如何，教學都是崇高的任務，在已知與未知的兩岸之間的擺渡。以這種角度來說，每一種知識領域都是生命奧祕這個稜鏡中的一個鏡面。而每一種知識領域都是在世界上彰顯真理的一種途徑。

縱觀歷史，教育一直與發現意義，根據該意義建立工具，並學習如何使用這些工具有關。然而，儘管我們努力鼓勵自由思考，但我們經常有意無意地傳達工具的用途。這會流於把我們的價值觀強加給別人。在展示如何使用槌子時，我們難免也傳達了應該用槌子建造什麼。在展示如何思考時，我們難免也傳達了哪些想法值得思考。在展示如何祈禱時，我們不可避免地傳達應該向誰祈禱，以及應該祈禱什麼。最具啟發能力的老師鼓勵學生追隨自己的心，並按照自己的價值觀生活。這說明了我們每個人都有權利和需求，去決定自己的價值。

有意思的是，「尷尬」（embarrass）一詞的意思是「感到尷尬或羞愧」。這個字來自西班牙語的embarazar，而embarazar又來自葡萄牙語的baraço，意思是「銜轡」，即放在馬嘴裡的銜鐵。[2]從最深的層次來說，尷尬是我們不忠於真實自我的提醒，而不真實會讓我們容易受到別人的引導。因此，尷尬是一個很有用的提醒，表示有人在我們嘴裡套上銜轡，試圖把我們引到某個地方。

一旦意識到自己被誤導，我們就可以重新校準我們的存在和目標。如何做到？透過清理內在的眼睛和心靈之窗，我們就可以恢復真實的自己。只有處於真實的狀態，我們才能感受到自己的存在，並看到自己的目標。在一生中，照顧這些心靈之窗是內在教育的工作，使我們回到真實的狀態，讓我們可以體驗到生命與現實的一體性。正是對這些心靈之窗的照顧——建立和修復它們，讓我們可以保持臨在和真實。

在個人的層面上，提問和表達清潔了這些心靈之窗。因為每一個真實的問題都打開了個人內在與生命之謎之間的入口。在意義與存在的世界裡，提出問題並不是為了得到答案，而是為了揭示存在於我們內心深處和外在世界之間的道路。我們不必與這些道路應答，而是去實際行走和體驗。因此，提出真實的問題是一種溫柔而永久的方式，可以邀請其他人與我們一起走上生命的道路。

當我們面對現實時，每一種感覺都成為老師。思考一下：隨著時間經過，每一道火焰都會釋放出光芒，每一個被水觸碰到的表面都會變得柔軟。同樣的，隨著時間經過，我們內心生起的每一種感覺都會釋放它的光芒，每一種強硬的態度，如果被包容，也都會軟化。這就是表達的主要工作：給我們的感覺一點時間，如此一來，它們就可以教我們如何變得輕盈與柔軟。

這裡有兩個故事講述了這種更深層、更永恆的教育形式。第一個來自印度。長久以來，在印度，小象都被一條小繩子綁在一棵細長的樹上。後來，當牠們完全長大，身軀變得龐大時，人們發現，如果用鍊子將象拴在樹上，牠們可以按照自己的意願扯斷鍊子或折斷樹幹。但如果一頭完全長大的大象再次被一條小繩子綁在一棵小樹上，牠仍然會尊重這條繩子象徵的意義。有很多角度來看待這件事。從表面上看，這似乎是一種限制大象行動的訓練技巧。但從內在來看，與其說繩索是一條鎖鍊，不如說是一條細長的根基。被鎖鍊綁住時，大象會感覺到自己的自由受到限制，並且很容易掙斷鎖鍊。但像牠小時候一樣被輕輕拴著，似乎更像是生命起點的一種提醒。從這個意義上說，繩索的存在是為了讓大象不會迷路。當然，我們與什麼樣的中心連繫著，至關重要。

從象徵意義上來看，這件事指出，可能有一些細小但重要的根基，將我們與生命的根本完整性連結在一起，而且，如果盡早建立這些連結，它們將永遠提醒我們，我們在生命開始時就如此接近那難以捉摸的源頭。這讓人想起那些在我們長大成熟後，可能會阻止我們迷失方向的「精神牽引」。精神牽引可能是什麼？我們被連結到哪個中心？這是靈性教育的範疇。雖然老師可以指出我們的根基，但我們的精神牽引是非常個人的。只有追求真相的人才能知道是什麼，並有尊重它的習慣。

第二個故事來自馬里蘭州的貝塞斯達（Bethesda）。貝塞斯達有一個機構，致力於促進人們尋求整體性，名稱為薩勒姆中心（Shalem）。這是已故精神科醫生和作家傑拉德・梅（Gerald May）的工作地點。幾年前我拜訪那裡時，傑瑞告訴我該中心是以《聖經・申命記》中的句子命名的，這句話說：「你必須全心全意地愛神。」在這句話中，「全心全意」是shalem，是shalom①的同源詞。

①譯者註：希伯來語是「願平安與你常在」的意思。

shalom這個字承載著我們所有人面臨的神聖問題：什麼樣的「全心全意」使我們能夠體驗上帝？這是一個我們無法解決而只能在生活中體現的問題。正如傑拉德．梅所說，我們越深入思考這個問題，就越會發現，意識其實是一種可再生的自然資源，能將萬物連結在一起。

從深層意義來說，全心全意地愛上帝，與透過成為完全的人來體驗整體性是一樣的。當歌德（Goethe）讓浮士德（Faust）與魔鬼打交道時，我們就是透過各種類型的野心和貪婪（包括對知識的貪婪）來解讀這樣的安排。因此，我們看到浮士德用他的缺點和錯誤換取了不屬於他的美德。但仔細閱讀德文原文就會發現不同的安排。

物理學家亞瑟．扎瓊克（Arthur Zajonc）告訴我們，浮士德與魔鬼的交易並不是「如果我『犯錯』，你就可以擁有我的靈魂……」。更準確地說，浮士德是說：「如果我停止『追求』（aspiring），你就可以擁有我的靈魂……」。這揭示了一個關鍵的差異。我們是人，總是會犯錯。但如果我們停止追求，我們的靈魂就會被沒收。

Aspire，源自拉丁語，意思是「呼吸」。當我們追求特定的事物時，例如我想要一百萬美元、我想要一艘遊艇，我們就會成為世俗野心的俘虜。但當我們毫無保留地追求生活時，我們就會呼吸得更充分，變得更有活力。雖然過馬路時多看兩眼是有道理的，但在追求意義和存在價值的世界裡，猶豫會讓天使保持沉默。

在省思著這一點時，我剛好在湖上看到了一隻蒼鷺。單腳站立保持平衡的蒼鷺正在等待著，等著看清水面。我想牠是在覓食。在等待的時候，牠可以看穿水面。但牠每啄一下，水花就會四濺，視線受到破壞。牠必須等待，看清下一步該潛入哪裡。這個過程無限循環，像人類在有限的生命中不斷努力，試圖在深淵中尋找生存的意義。

> 悠久的教學歷史深植於誓願成為通往一切重要事物的窗口。

可以思索的問題

- 在日記中，描述你目前需要學習的事，它將幫助你變得有活力並活得更充實。你可以採取哪些步驟來展開學習？
- 與朋友或所愛的人談話時，講述意外成為你的老師的人。你可能在生活和學校中遇到過他們。他們教你的永恆不變的事物是什麼？

4 超脫名稱的表象[1]

觀看就是忘記所看事物的名稱。

——保羅・瓦勒里（Paul Valéry）

二〇一九年的秋天，我接受了阿史頓・古斯塔夫森（Ashton Gustafson）的採訪。我們透過Skype交談，談及當我們能夠觸及生命的本質，而不是被其名稱所蒙蔽時，就會出現意想不到的禮物。[2]我在書房裡，看著窗外每天在我面前搖曳枝椏的楓樹和橡樹。我說：「當我挺身投入，完全臨在，毫無保留時，任何時刻都可以恢復元氣，都可以打開與所有生命的連結。」

我繼續說：「即使是現在，如果我能毫無阻礙地臨在，完全專注，沒有障礙，就能感受到窗外這棵老樹傳達出的，它在『樹』的名稱之下所蘊含的生命力。當我的心思敞開和臨在時，無論這一刻多麼短暫，這棵『樹』都會擺脫它的名字，以它最真實的樣子站在我的面前。不可否認的，它是某種木頭所長成，它破土而出，向天空抽長，只是為了長出這些薄薄、扁扁的，隨著不斷流動的空氣而上下波動的葉片。它存在的奇蹟變得如此顯而易見。因此，透過任何一項事物的本質，我們可以感受到萬物的存在。」

就在那時候，阿史頓說道：「這讓我想起了法國詩人保羅．瓦勒里所說的：『觀看就是忘記所看事物的名稱。』」在我讀過的一切內容中，我從未讀過這句話。這讓我很感動。因為真正的看，就是以我們全心全意的臨在去看，直到事物呈現出在人類開始為萬物命名之前的最真實狀態。這樣的觀看讓我們回到活在所有名字之下的生命脈動。

三十三年前，我記得從移除背上的一根肋骨手術後醒來，在那個支離破碎的清醒片刻中，我忘了自己的名字。或者更確切地說，我脫離別人為我繪製的輪廓，融入在所有標籤和定義下，那種充滿活力的感覺。從那時起，我內心深處的一部分就能夠超脫名稱的表象。而這就是我為了直接汲取生命之水所回歸的生命泉源。這也是我找回寫詩靈感的地方。諷刺的是，唯一值得書寫的，正是那些無法命名或無法用語言表達的事物。但我們還是可以用其他方式描寫它們。

這才是命名的真正目的。因為名稱是一個入口，我們透過它來體驗事物的本質。但是，我們經常依靠名稱來代表事物，並且接受事物的名稱就是事物本身。但試著表達事物和經驗時，命名讓我們與被命名的事物建立關係。

我們都知道美國各州的形狀。我們可以在餐巾紙上畫出任何州並輕鬆識別它。但是當我們搭飛機時，這些州界就不存在了。我們只看到完整的一大塊陸地。同樣的，你可以把水果裝罐放在地下室的架子上，但罐子上標籤的名稱並不是水果本身。事實上，當我們將地圖誤認為大陸，或是將容器的標籤誤認為罐子裡裝的水果時，我們常常會誤導自己。我們對愛情、心碎和悲傷也是如此。出於恐懼，我們用名字來比喻這些感受，然後將它們放在一旁。之後，我們就這樣將它們宛如水果罐存放在地下室，並認為只要處理了這些容器，我們就已經消化了其中的感受。

然而，當我們能夠超脫名稱的表象時，無論多麼短暫，我們都會回到支持所有生命的初始存在。這就是布萊克所說，我們可以「在一粒沙中看到一個世界」①[3]。或者，一隻疲憊的手伸出去扶起跌倒的人，能夠體現關愛的本質。因為當徹底臨在，完全專注與真誠時，一件善意的舉動就可以揭示並承載所有的善意。

在我們的人性中，生命的巨大動盪會使我們陷入困境並搖晃不定。我們始終面臨的挑戰，是以堅定的臨在來看穿這些動盪，直到這些意外逐漸消散，成為曾經接近但尚未顯見的震動。正是由於透過持續的存在，我們才能超脫名稱的表象。一旦到達這種境界，我們就會以更深刻和持久的方式感受生命，這種方式揭露了靈性的基本法則：一切事物都散發著自己的美麗，當我們碰觸它時，它可以讓我們充滿的生命能量。

因為在我們所有的計畫、目標和祕密欲望之下，心只想安住在它自己的活力之中。這是我們更深層自我的種子。無論我們是否得到我們想要的，我們內在的生命力只想從源頭流向出口，就像河流並不真的在乎它流向哪裡，或者需要多長時間才能到達它要去的地方。同樣的，更深層自我只渴望在內心充滿光，它會等待我們用盡所有的藍圖和設計。它會等待我們只用我們稱之為愛的能量滋養它。

詩，也就是靈魂令人意想不到的表達，教會我的其中一件事是，超脫名稱的表象後顯現的生命力，正等待我們對生命說「好」。而對生命說「好」，能讓我們學會愛自己。這三種方式永遠連結在一起：超脫名稱的表象、對生命說好，以及愛自己。它們引導我們實現自己的價值。

①譯者註：出自十八世紀的英國詩人、藝術家威廉．布萊克（William Blake）的詩作，徐志摩的中文翻譯「一沙一世界，一花一天堂，無限掌中置，剎那成永恆」，也成為名作。

唯一值得書寫的，正是那些無法命名或無法用語言表達的事物。

可以思索的問題

- 在日記中，描述當你很忙，或當你無處可去的時候，你的頭腦與心靈開放程度的差異。詳細說明使你保持開放的條件。當你忙碌的時候，你如何能夠保持這種開放的狀態？
- 與朋友或所愛的人一起散步，並記下至少五個細節，這些細節似乎具有與超脫名稱表象後顯現的生命力相同的本質。討論這些充滿生命力的時刻，尋找這些時刻之間蘊含的共同智慧。

5 迷途與回歸

沒有人在禱告上精進到不必回到起點的境界。

——亞維拉的聖女大德蘭①

我們都面臨著既要生存又要蓬勃發展的挑戰。但如果我們只是生存，而沒有蓬勃發展的途徑，那還有什麼意義呢？然而，生存是至關重要的。因此，我們必須確保能夠蓬勃發展，卻不會將自己完全置於危險的處境。用日常生活來比喻，就是只有你自己知道什麼樣的平衡才是健康的。

這些年來，我在生存與繁榮之間找到了一條清晰的道路，我不可避免地因恐懼而偏離，並且必須經歷風險才能回歸正途。但在我們的預期與擔憂中，我們增加了恐懼的層次。這些恐懼使我們無法全心全意地生活。因此，必須擺脫層層的恐懼和擔憂，才能回歸生活。

①譯者註：St. Teresa of Ávila，十六世紀的西班牙修女，在新教革命期間，發動天主教會內部的修會改革，恢復修會起初的苦修生活方式，有生之年共創建了十七座女隱修院和十五座男修院。

有時候，我發現檢視自己的恐懼和擔憂的本質很有幫助。我試圖明辨我所承受的恐懼和擔憂的程度，與實際風險之間的差距。這幫助我看清擺在我面前的真正選擇。

一直以來，生命這趟神祕旅程中的一切，都讓我們感激（appreciation）生命的可貴。事實上，「感激」這個字的意思是「走向珍貴的事物」。

盡力明辨道路，並不斷朝著有價值的方向前進，一直是我遵循的原則。在過程中，我們絕對不能懷疑內心的智慧。

讓我們更仔細地探討迷途和回歸的本質。在基本層面上，我們偏離光明又回到光明。正如地球繞著地軸自轉一樣，我們在生活中的努力使我們圍繞著一個永恆的軸心旋轉，這個軸心不會移動，而是將一切聚集在一起。驚奇和敬畏是我們圍繞在這個生命軸心旋轉時，感受到的牽引和痛苦。驚奇和敬畏是活著的牽引和痛苦。這種圍繞生命軸心的牽引是全人類迷途和回歸的基本形式。

人類內在的靈性

我在本書前面的內容提到，耶穌會哲學家德日進曾說：「我們不是擁有靈性經驗的人類，而是擁有人類體驗的靈性存在。」這句話有很多種解讀方式。如果我們假設自己是某些事物的容器，則我們往往會把自己視為一個容器。這導致我們以自己的角度去看待一切，因為我們常常試圖讓一切符合我們這個容器。因此，我們傾向於把遇到的一切事物當作自己的鏡子：無論是風、雨、汽車、困難、月亮，甚至是精神體，都會被我們視為自己的投射。

但是，當我們能夠認知到，我們是具有人類體驗的靈性存在，有某種更大、更深層的事物正在透過我們而流動時，這個奧祕就會開始解開，只要我們承認，自己是被包含在某種無限且難以言喻的事物之中。

如果我們把自己當作一個容器，就是把生命限制在這樣的意義上：一朵鳶尾花，雖然服從自然法則，它就是一朵異常美麗的花，獨自綻放，從無到有，不多不少。但如果我們認知到自己是無窮宇宙的一部分，正如愛因斯坦所說的，宇宙不斷將物質轉化為能量，我們將會看到這樣的奇蹟：種子發芽，長成根莖，開花的能量——也就是花朵的靈魂，進入了這一朵鳶尾花，就像之前的每一朵鳶尾花一樣，並與所有鳶尾花的譜系相連。

這是以一種美麗的方式來理解愛。儘管我們會選擇是否根據愛來採取行動，但我們並沒有創造愛，就像老鷹並沒有創造讓牠騰空飛升的氣流一樣。相反的，靈魂堅不可摧的能量突破我們的孤獨，在另一個人面前綻放，而另一個人存在的全部目的就是成為我們的同伴——就像之前所有的同伴與所有曾經愛過的人一樣。正是我們鼓起勇氣開放自己——放下狹隘的觀點並接納更大的觀點，這一切使愛成為可能。

想像一下。如果我們是擁有人類經驗的靈性存在，就像植物的靈魂變成特定的花朵，那麼就沒有人擁有靈性存在的特定體現。相反的，「我們是誰」，是由比任何人都更宏大的靈性存在，在我們的一生中活出來的。因此，如果靈性存在像花粉一樣傳播，那麼轉世就是在不知不覺中攜帶靈性的種子。

在這一點上，我們並不是重生為某個曾經活過的人，而是重生為保持著共同靈性的人。因此，我們在無意識中盡了一份力來推進靈性的傳承。儘管傳承在保存智慧方面有其重要性，我們卻非有意識地這麼做。而是勇敢地全然綻放出真正的自己，在我們短暫的地球生活中復活，並再生世界的光明。

關於迷途與回歸，有一種深刻而反覆的形式：我們在真實地活在當下時感受到的生命力，與當我們偏離直接的生活體驗時，需要重新找到那股生命力的渴望之間的無止境旅程。當我們麻木的時候，我們需要找到一種安住在心靈與頭腦的方法。偏離方向時，我們需要找到一個能讓我們與生命的奇蹟連結的具體方式。找到勇氣，並運用勇氣安住在我們與靈性生活源泉的連接，使我們在旅途中獲得力量，就像魚在溪流中遇到湍急水流時輕鬆順流而下一樣。

迷失在迷途中

當我們偏離時，我們會在迷途之中失去方向。當我們陷入迷途時，我們就會變得迷茫、失去平衡，無法找到回到正途的路。霍皮族（Hopi）對於陷入失衡有一個名稱，koyaanisquatsi，霍皮語的意思是「瘋狂的，失衡的生活」，這是一種混亂而躁動的狀態，迫切需要找到另一種生活方式。

讓我們失去平衡的生活面向包括：不傾聽、評判和比較、追逐快樂，以及逃避人生。傾聽總是能點燃充滿活力的火焰，具有啟發性，不傾聽總是會助長困境之火，將我們燒毀。傾聽總是賦予生命，而不傾聽則會消耗生命。當我們停止傾聽時，我們開始以堵塞心智與心靈的方式生活。

當我們不傾聽時，我們就會陷入評判和比較的局限性中，這只會削弱我們的活力。正如赫胥黎（Aldous Huxley）所說：

> 評判和比較使我們不可避免地陷入二元性。只有無選擇的覺察才能帶來非二元性，讓對立在完全理解和完全的愛中和解。[1]

一旦陷入評判和比較的陷阱，我們就會開始相信生活與我們當前的處境截然不同。然後，我們開始追逐自己心目中的理想生活，彷彿我們當前的處境並不真實。英國詩人威廉・古珀（William Cowper，1731~1800）這樣描述追逐的情況：

> 我看到所有人都是流浪者，
> 每個人都在自己的妄想中迷失了方向；

迷失在對虛幻快樂的追逐中，
仍然在追求，卻從未得到。[2]

所有這些方面的不平衡都會影響我們的臨在，使我們沒有活在當下。如果沒有真實的臨在，我們往往會逃避生活。我們逃避生活的方式包括：退縮、躲藏、逃跑、封閉、堆積待辦事項、轉移話題、將自己的想法投射到他人身上、容易被冒犯和生氣。每一種都是不願看見、不願傾聽的不同方式。

有一個逃避生活的痛苦例子是中世紀醫生西德納姆（Sydenham），他在瘟疫期間逃跑，否認自己是醫生，並拒絕幫助他人。[3]不可避免地，我們面臨的挑戰不是離開，而是留下來並找到出路。很顯然，解決這些失衡的方法，是改進我們傾聽的方式、暫停評判和比較，並接受快樂總是在我們所在的地方等待，並面對生活。

當我們能夠留下來，我們就可以抵抗這些失衡。當我們臨在，安住在當下時，沒有什麼比從我們自身對生命和靈性的體驗中生起的寧靜時刻更平和。我們有時候可能會忘記自己還活著，有時會視而不見，但一旦找回對重要事物的感受，它就會永遠與我們同在。

發炎的眼睛

研究人類按摩史的專家羅伯特・諾亞・卡爾弗特（Robert Noah Calvert）講了一位納瓦荷族（Navajo）男子的故事，他因眼睛發炎而失去了視力，有人認為，這是因為他以不虔誠的心觀看神聖面具所引起的。這個故事中引人深思的教訓，就是以不虔誠的心看待神聖之物會導致目盲。因為當我們以不敬的態度看待神聖之物時，我們與宇宙生命力之間會形成一層隔閡。

佛教徒將這種看事物的偏差現象稱為幻象的面紗。道家將我們與事物之間形成的不透明性視為邪惡的種子。新教神學家保羅・田立克（Paul Tillich）則將罪惡視為我們與真實的分離。所有這些觀念都證實，不敬或缺乏神聖感會導致失去真正的見解。我常引用《中庸》中的智慧：「誠則明矣。」這就是說，有了敬意，就會有持續的深刻洞見。恭敬與真理之間存在著某種關係。雖然不敬和分離導致盲目，唯有恭敬與慈悲才能恢復真正的見解。

於是，失去視力的納瓦荷族男子去找他部落裡的薩滿，請求治療。因為只有神聖的觸摸才能治癒他。治療的第一步一定是謙卑地請求治療。這前後花了八天時間。經過一天的獨處和靜默之後，薩滿先用山羊角摩擦病人身體，再用從羊角之間取下的那塊皮為病人擦拭。第四天，病人喝了松針水，然後在松針水中沐浴，而薩滿則用羊角和羊皮按摩他的右腿。第八天，薩滿將雙手放在病人的腳底，同時發出叫聲。然後薩滿的右手手掌碰觸病人的心臟，左手按在病人的背上。病人身體就這樣被薩滿按壓了四次，每次薩滿都發出一聲大叫。最後，薩滿碰觸了沙畫上的人物後，又摸了摸病人的額頭，然後按壓他的頭四下。隔天，病人就恢復了視力。

我們可以從薩滿對盲人的治療中吸收到什麼訊息？這個古老的儀式告訴我們哪些關於恢復內在健康的事？

首先，我們必須請求治療。在這樣做時，我們必須承認我們病了。只要我們否認自己的困難，就沒有恢復健康的機會。接下來，我們必須讓自己安靜下來，這樣我們才能避開所有造成干擾的噪音。

然後，我們就準備好被在地球上漫步和生長的事物碰觸。山羊的角和皮，象徵我們需要透過原始環境的硬性和柔性工具來更新自己。

接下來，薩滿觸摸病人的腳底，以加強病人在世界上的行走能力。然後，按壓病人的心臟和背部四次，可能四個方向各按壓一次，以鞏固病人心臟和脊椎之間的連接，使他能夠在日常生活中重新成為生命力的強大載體。

最後，薩滿藉著觸摸沙畫中的人物向生命的無常致敬，之後觸摸病人的額頭並按他的頭四下，以此將整個迷失和回歸的療癒過程壓縮到病患的意識中。在回到如此脆弱而奇蹟般的生活之後，病人隔天醒來時，他的視力就恢復了。

為了幫助我們恢復自己的視力，採用這些療程，並各自調整適合自己的做法，對我們很有幫助。另外，就像那位納瓦荷族男子無法獨力治癒自己一樣，我們也需要彼此的幫助來恢復深入的洞察力。

回歸的修練

修復（repair）的意思是「再次配對」、「重新加入」、「重新組合」。再次配對和重新加入的努力對於任何回歸的修練，都是至關重要的。多年下來，有三種修練讓我們可以回歸到萬物的光輝：真實性、緩慢性，以及前面提過的暫停評判。

當我們真誠地、毫無偽裝地活在當下時，就會稀釋並消除我們和直接體驗之間的隔閡。然後，我們的內在生命與外在環境之間就幾乎、甚至完全沒有任何隔閡存在。當我們放慢腳步時，我們可以真正進入事物之間的空隙，那裡蘊藏著生命力。暫停評判，可以讓生命在我們的假設和結論之下臨到我們身上，我們仍然可以得到觸動和教導。

印度的婆羅摩庫瑪立教派（Brahma Kumaris）有一種印度教的問候方式，drishde，透過這種問候方式，愛與精神力量可以透過眼睛，從一個人傳給另一個人。這種靈魂之間的傳遞來自於當下的臨在與真誠。有人認為，這種慷慨的行為可以讓我們回到活躍的生命中心，並修復人性中的裂痕。

所以，當我們迷失時，有很多回歸的方式，每一種都必須根據個人的情況來微調。總結幾點如下：

- 我們需要傾聽，這樣我們才能對生活的各方面保持開放的態度。
- 我們需要放下評斷和比較，才能被生命觸動。
- 我們需要停止追逐所謂理想的生活，並接受生活就在我們身處的地方。
- 我們需要承諾會面對生活。
- 當我們身體不舒服時，我們需要承認生病並請求治療。
- 我們需要恢復與在地球上漫步和生長的事物的連結。
- 我們需要將心靈的生命與脊椎的生命重新結合，才能在這個世界上依心而行。
- 我們需要透過找回我們的真誠，來恢復我們更深刻的洞察力。
- 我們需要接受我們在無常的生命循環中的位置。
- 我們需要放慢腳步，這樣生命的脈動才能激勵並貫穿我們。
- 我們需要練習以眼對眼、心對心的方式，傳遞愛與精神的力量。

找尋回家的路

我有一個朋友曾進行為時一年半的環球之旅。他在美國生活多年後踏上這段旅程。當他旅行時，他沒有家。他知道他會在人生的下一個階段定居在其他地方，但不確定會在哪裡。他此行的目的是讓他對定居在哪裡進行一些內心的省思。從那之後，他就定居在維也納，並在那裡住了大約四個月。

他意味深長地說，沒有一個可以返回的地方、沒有一個中心地點或家可以出發的旅行，是非常困難而令人迷失方向的。他發現自己花了很大的精力來保持中心位置，並試圖想像一個核心地點，以理解他不斷變化的經歷。他所說的不只是一個實體上的家，而是一個有家人的家，一個內在的家。他指的是需要一個內在的參考點，也就是象徵源頭的核心位置。無論有形的還是無形的，如果沒有這個中心，我們都很難理解我們的經歷。如果沒有內在的參考點，我們就會永遠迷失在偏離的方向之中，永遠無法回到生命的源頭。

事實上，在我永遠無法到達的所有地方中，此地此刻——完全投入當下——是我經歷過的最艱難、最甜蜜的旅程。我們就是被召喚要回到這裡。自古以來，所有文化傳統的神祕主義者都見證到，人難免會偏離重要的事物，以及回歸的神聖性。

我們來看看當代的神祕學家伊登．阿貝茲（Eden Ahbez）。他是一位美國作曲家，他的遊牧生活讓他擁有包羅萬象的視角。他選擇的姓氏Ahbez是來自《聖經》中的名字，其字根的意思是「閃閃發光」。他選擇的全名反映的概念是，回到讓我們閃亮耀眼或發出微光的起源之地。

在他的專輯《伊甸島》（*Eden's Island*, 1960）中的歌曲〈流浪者〉（The Wanderer），阿貝茲斷言「天堂和地球是開放的大教堂，所有人都因愛而得到加冕，並因失落而受到束縛……我就是每一個人，而不是任何人」。

在地球上開放的生命大教堂中，當我們被祝福時，我們所有人都是每一個人，而不是任何人。因為迷途和回歸是人類旅程中與生俱來的一部分。而誓言做自己，無非就是透過不斷努力，以回到讓我們閃亮耀眼或發出微光的起源之地。

當我們真誠地、毫無偽裝地活在當下時，就會稀釋並消除我們和直接體驗之間的隔閡。

可以思索的問題

- 在日記中，探索你個人如何改善傾聽的方法、暫停評判和比較、接受快樂就在你所處的地方，以及面對生活的修練。在每次練習中，你可以採取哪些步驟來幫助你更接近生活？
- 在與朋友或所愛的人談話時，描述你偏離重要事物，並重新找到讓你感到活力的事物的過程。

6 在患難中互助

瞿塘峽是中國三峽中最短、最壯觀的峽谷景觀。沿著陡峭而狹窄的山坡，有古老的小路。自古以來，順流而下的船隻就用槳來掌舵。但逆流而上時，人力操作的槳根本敵不過長江的湍急水流。因此，被稱為縴夫的工人就在岸邊的石坡上綁一條縴繩，把船拖向上游。日積月累下來，江邊陡峭的懸崖上形成了一條可供行走的道路。就這樣，江邊的懸崖上鑿磨出人行道。西漢時期開始有系統地修建狹窄的縴路，並一直維護和改善到二十世紀中葉。即使在今天，仍可以看到縴繩拖船的景象。

沿著長江又深又急的水流在岸邊鑿磨出來的階梯，象徵著另一條古老的道路：當我們的心靈被觸動而超越自我，並像縴夫那樣拖起受困於激流中的人時，我們總是可以排除萬難而找到的道路。沒有人知道我們為什麼會這樣做，或者為什麼這種行為沒有被認為更聰明或更勇敢。因為，這件事就是兩者兼具。在需要的時候拖著別人逆流而上，對所有參與者來說都是生命得以延續的重要行動。這種難以解釋的關懷是所有人際關係的核心，在湍急的生命之流岸邊鑿磨出一條狹窄的路。正是在那裡，我們輪流拖著對方，穿過河流中忽然出現的彎道。

另一個古人應對逆境的例子是日本的四木通運河，它因偉大的浮世繪大師廣重（Hiroshige）在其傳奇作品《江戶百景》中的一幅引人注目的版畫而聞名。[1]這條位於現今東京北部的運河，是江戶時代為了因應在一六五七年發生的火災「明曆大火」而建造的，目的是為受災的村莊提供水源。有好心的居民會在岸邊行走，並拖著細長的小船，為有需要的人提供食物和水。一百年後，在一七七〇年代，原本用於運送水的拖船演變成了一種渡船服務，岸上的人會拖著小船沿著運河載客行駛，並收取一定的費用。

但是，從字面與象徵意義上來看，因應一六五七年的大火而出現的拖船，說明在逆境與深刻的心靈之旅中，我們需要輪流拖曳別人和被別人拖曳。最後，出於必要，我們互相幫助：一個人在岸上拖曳著另一個人；而嚇壞且受傷的人，則接受自己需要被照顧的事實。

瞿塘峽和四木通運河的第一個啟發是，補充我們能量的事物是在水流的中心找到的。然而，如果長時間放任不管，突然而快速的水流會把我們沖走。因此，第二個啟發是，有時候，如果有親人或盟友能拖著我們一段時間，我們就更能夠完成逆流而上的困難挑戰。這說明了所有社群成員的盟約：我們相互依存，而且一直互相需要彼此的協助。

為了理解我們在逆境中的靈魂親族關係，還有一個例子值得思考。智利偉大詩人聶魯達（Pablo Neruda）在他的詩集《完全賦權》（*Fully Empowered*）中寫了一首名為〈總結〉（Summary）的小詩，在詩中，他感激將和平與困難連接在一起的矛盾。聶魯達寫道：

這就是為什麼——彷彿流經石頭上的水——我的生命總是在喜悅與責任之間歌唱。2

任何曾在溪邊漫步的人都知道，沒有水和石頭互相伴奏，就沒有歌聲。這與需要時互相拖曳是一樣的道理。我們是脆弱而緊張的生物，我們可能會在渴望快樂的同時淹沒在責任之中，也可能在堅持追求非常個人的快樂的同時逃避服務他人。然而，當我們受到感動伸出援手並提供幫助時，正是我們幫助他人度過難關的關懷，唱出我們的堅韌之歌。

在人世間跌跌撞撞的時刻，我們都可能發現自己需要幫助。生活環境的浪潮隨時都可能猛烈地湧起，將我們或身邊的人被捲入其中。這種動盪的時刻，正是激發同情心的時刻，就像每個黑暗時刻都需要光明來填補它一樣。在輪到我們的時候，無論我們是謙卑地被拖曳，還是被召喚去拖曳別人，生命之歌在愛的流動中等待著，這份愛超越了苦難、接納戰勝了困難、喜悅超越了責任。

當我們受到感動伸出援手並提供幫助時，正是我們幫助他人度過難關的關懷，唱出我們的堅韌之歌。

可以思索的問題

- 在日記中，描述有人在你需要時，從岸上拉了你一把。你們之間發生了什麼事？以這種方式獲得幫助，讓你有何不同的感覺？
- 在與朋友或所愛的人談話時，描述自己在喜悅和責任之間的平衡。兩者如何存在於你的心中，又如何互相影響？

7 恢復信仰的本質

在三十多歲的時候，我差點死於一種罕見的淋巴瘤，但在我顱骨中的腫瘤後來卻消失了。這是一個沒有人可以解釋的奇蹟。每個人都試圖將腫瘤消失歸因於他們所信仰的神祕力量：這是耶穌、摩西、阿拉、我的頭腦的力量、我的心靈的堅持、我的意志、我的臣服、我所愛之人的關懷、偶然的隨機性，以及祖先的療癒力量。然而，當光線照射到稜鏡時，其照明的力量並不存在於稜鏡的任何一個表面上，而是存在於使稜鏡煥發活力的光源中。在恢復和復原之後，我無法否認對任何一個治癒原因的讚美，而是謙卑地接受一切，因為每一部分都是指向源頭的證據。

正因為如此，我才看到，萬物都充滿著著生命的力量，而我們對生命的信仰，就是釋放生命力量的管道。我們的信念透過我們選擇相信的任何事物來激勵我們。我們所專注的信念是心靈的放大鏡，可以點燃生命任何特定面向的內在生命力。因此，我們「相信」，永遠比我們「所相信的事物」更重要。

無論你相信冥想、服務還是運動，無論你全心投入於攀登世界上最高的山峰，還是在花園中種植各種品種的玫瑰，無論你收集來自許多國家的郵票，或找出〈巴黎的四月〉①的所有錄音版本，無論是什麼特定事物使我們的信念成為現實，我們在乎的這個真實性，才是最重要的。

當我們將自己的信念強加於他人身上，而不是支持每個人對信念的投入，以及這番投入將如何改變和修復我們時，就會出現問題。因為揭示我們共同連結的是，對彼此信仰經驗的接受與探究。

在佛教中，saddha是信仰的意思，翻譯過來就是「讓心安住在真實」。[1]這就是通往真實生活的入口。就像每一次呼吸是任何呼吸練習的核心，我們對真實的信念是一種反覆出現的行為，這是能激發出符合我們本性的信仰的修練方式。

當我們把信仰視為無名之師時，信仰能夠讓我們活化個體與整體生命之間的關係。這種持續的關心就會開始療癒我們。懷著謙卑的態度，我們不應該抨擊別人的信仰，而是要以他們的真誠作為一種鼓勵，以找到我們自己進入生命奧祕的獨特入口。

歸根究柢，信仰是人類的一個入口，生命力透過它進入我們身上。生命力流經我們，而非源自我們。信仰的影響在於它如何形塑我們的生命力，而不是追蹤它的具體成果。當花朵或植物死亡時，並不意謂著光合作用就不存在了。當廚房裡的燈泡燒壞時，並不意謂著電是假的。同樣的，當我所希望和祈禱的事沒有實現時，並不意謂著堅不可摧的信仰已經崩潰。在我們所有的考驗和祝福之下，正是我們的信仰催生了不可否認的生命再生，這種再生連接了生命與生命。因為信仰是一種要去體驗的活力狀態，而不是要去抵達的某個確定場所；是對生活的徹底投入，而不是對宗教原則的忠誠。

我逐漸將信仰理解為，生命力驅動靈性活化的現象。在這個世界上，靈性的活躍表現比任何信徒的結論，或任何信仰對象的崇拜更重要。就像魚的生命依賴海洋一樣，任何信徒的生命也依賴他悠游其中、無邊際的靈性之海。所以，讓自己被生活觸動吧。一旦被觸動，請讓你的心靈以關懷做出回應。然後，無論你怎麼稱呼它，觸動和關懷都會引發你的心和宇宙展開更長的對話。

> 信仰是一種要去體驗的活力狀態，而不是要去抵達的某個確定場所。

可以思索的問題

- 在日記中，講述一個有關光線揭示某些你之前從未見過或感受到的瞬間，並描述這件事如何影響了你對光的信念。
- 與朋友或所愛的人談話時，描述一些因你給出關注而得到回報的活動。它可能是園藝、在大自然中散步、做木工、演奏樂器、聽音樂或聽別人的故事。這項活動為你的關注帶來了什麼？

①譯者註：April in Paris，一九五二年的一首爵士名曲。

第六章　生活的匆忙

在我們這個時代，通往聖潔的道路必然要經過實踐的領域。

——道格・哈馬紹（Dag Hammarskjöld）[1]

本章探討的內容將幫助我們：

- 鞏固並保護我們的根基，以免被侵蝕和沖走。

生命之流總是在我們身上與周邊運行。想像一下，世界各地數以千計的海浪以無止境的方式撞擊和消退，這一切都是同時發生的。想像一下，風吹過山谷、山坡、高速公路和鄉村道路上的數千棵樹，這一切都是同時吹過的。想像一下，世界各地每天有成千上萬的歌曲和哭聲從我們的嘴裡發聲，這一切都是同時發出的。這只是匆忙的生活的一部分，它時而讓我們煥然一新，時而讓我們無力招架。

一個非常人性化的挑戰是，如何與生活的匆忙連結、如何讓自己處於被生活更新的位置，以及如何挺過生活的壓迫時刻。本章節試圖了解：我們如何在最激烈的奮戰中保持活力、如何將心靈做為入口而不是容器、我們如何總是在看與不看之間拉扯、我們如何被召喚到未知的水域，以及我們如何不斷努力去接受生活就在我們所處的地方。

1 一切都是真實的

這個時代看起來充滿危機，有時甚至像世界末日。森林野火猖獗，颶風規模有如一個州的大小，種族主義持續令人不安。我們能存活下來嗎？人類會生存下去嗎？我相信我們會的。並不是因為我否認這些困難的現實，也不是因為我們試圖將一切重新解讀為更美好的事物，而是因為一切都是真實的。這一切不一定是公平或正義的，但一切都是真實的。

這是對每一個世代的召喚，要確保我們選擇了愛，而不是恐懼；選擇了仁慈，而不是殘酷。我們擁有這兩種能力。這就是為什麼必須接受這個事實：每一個世代與每一個生命，都應該輪流做到再次選擇開放而不是封閉，再次選擇付出而不是索取，並在過程中保持誠實。

雖然地球確實可能會被燒毀，我們也可能會讓自己滅絕，但我堅信，我們曾站在這樣的黑暗懸崖邊緣。而在目睹靈魂的歷史之後，我相信體現而非進步。正如我之前所探討的，進步要求我們讓世界變得比我們發現時更好，而體現則是每個人面對生命和活出生命的必然過程，沒有人可以逃避。雖然進步讓我們可以搭電梯到達山頂而不是自己攀登，但體現的作用是要求每個人睜開眼睛去見證。雖然我們為改善生活所做的努力可能轉瞬即逝，但我們面對生命的努力卻更為持久。

因此，現在輪到我們去撲滅野火、平息風暴，並敞開心扉、超越偏見。雖然不必要的痛苦將永遠伴隨著我們，但是我們可以透過拓展視野、鍛鍊我們的心靈和毅力，來減輕痛苦的劇烈程度。

當我們接受一切都是真實的時候，我們就不是在縱容殘酷，而是在擴展我們的心智，以便去擁抱它，就像天空擁抱一場風暴，直到風暴結束。我們除了獲得最深刻、最長久的生命智慧之外，我們還得到恩典，被永恆的心靈一體性擁抱得到了安慰與力量，而這個永恆的心靈一體性已經承受過、也挺過了人世間最糟糕的苦難。

這種更廣大的眼界使我們能夠冒險進入這個充滿扭曲事物與暴行的墮落世界，而不是重新架構它，或被它所定義。而是要把它深藏在我們內心最深處，直到更深層的智慧被釋放出來，讓我們理解它，並可以藉此縫合那些將我們撕裂的傷口。

埃利．維瑟爾①在奧斯威辛集中營囚禁經歷的回憶錄《夜》（*Night*）中，描述了一個深刻而令人不安的時刻。十五歲的埃利有一天早上醒來，發現一個男孩吊死在院子裡。死者的身體掛在繩索上搖曳，寂靜無聲，帶著地獄的味道。埃利身旁的年長者厭惡地說：「上帝在哪裡？」年輕的埃利不假思索地說：「在被吊死的男孩身上。」

事實證明，這是埃利．威瑟爾在餘生中都帶著的一個精神難題。正如猶太哲學家馬丁．布伯所說：「這個世界是不可理解的，但卻是可以擁抱的。」這個可怕的時刻就是一個明顯的例子，說明所有的事情都是真實的，但不一定是公平或正義的。上帝在被吊死的男孩身上，這一觀點違反了一般的邏輯。但只有充滿真誠和慈悲的生命才能開始釋放這個痛苦時刻的意義。只有堅定和仁慈的生活，才能療癒我們一路走來對人類尊嚴所犯下的侵犯行為。在所有生命所提供的完整擁抱中，藉著面對與擁抱身為人的矛盾，我們繼續前行。希望我們能再次敞開心扉，而不是痛苦地關閉心扉。

> 每一個世代與每一個生命，都應該輪流做到再次選擇開放而不是封閉，再次選擇付出而不是索取，並在過程中保持誠實。

可以思索的問題

- 在日記中，描述自己在愛與恐懼之間的掙扎。然後，如你所看見的，描述我們的社會在愛與恐懼之間的掙扎。在你的生活和我們社會的生活中，有什麼選擇可以讓我們從恐懼轉向愛？
- 在與朋友或所愛的人談話時，描述在我們這個時代中你覺得難以理解的事情，以及你如何接受它，以便更能理解它並克服它。

①譯者註：埃利・維瑟爾（Elie Wiesel）於一九二八年出生於羅馬尼亞，十五歲時與家人被關進奧斯威辛集中營，母親與妹妹死於奧斯威辛毒氣室，父親則餓死於另一個集中營，獲救時，維瑟爾年僅十七歲。《夜》描述其和家人在集中營的慘痛遭遇，影響力和《安妮日記》齊名。一九八六年獲頒諾貝爾和平獎。二〇一六年七月於紐約病逝。

2 永恆的選擇題

慷慨可能比囤積食物更有價值，善待他人也許比武力更有力量。這些價值觀將決定我們創造什麼樣的世界，從廢墟中誕生什麼。

——盧埃林．沃恩．李（Llewellyn Vaughan-Lee）[1]

我們都曾經遇到這樣的情況：在高速公路上，某一條車道因施工或維修而突然封閉。交通號誌會在距離車道合併處約一英里的地方開始閃爍。車行速度逐漸變慢。很明顯的，至少會有一段路，三線車道將合併為一線。不出所料，雖然大多數人開始把各自的車子排成一列，但總是有少數人完全不管別人，沿著路肩跑到隊伍的前面。

這是會令人抓狂的比喻，象徵我們在永恆的選擇之間徘徊——是選擇毫無顧忌的自我利益，還是為了共同利益而先自我調整。正如軍隊模擬戰鬥條件來訓練士兵一樣，車道合併也是一個機會，用來訓練公民在這些關鍵選擇上，是選擇增強還是削弱我們的社群意識。

我們是否都曾想停下車，問問那個占用路肩的駕駛：「你在想什麼？」就像一隻從小因體型最小、怕一輩子都吃不夠而狼吞虎嚥的狗，這些占用路肩的駕駛是否也因為害怕沒有位置留給自己，所以在車陣中找空隙搶先亂鑽？我們該如何向他們保證，如果我們一起行動，每個人都會有足夠的空間？這才是更深層的思考。我們如何開始互相教導：在最基本的層面上，自身利益與公共利益是同一回事？

新冠疫情期間，自身利益與公共利益之間的衝突加劇。在當時，戴口罩成為一種引發激烈討論的象徵。表面上，整個地球上的人都需要戴口罩，以免在不知不覺中將病毒傳播給其他人。必須戴口罩成為一種長期的善意舉動。但有很大一部分人，尤其是在美國，不知何故，認為戴口罩是對自由的侵犯。這種短視的迫切感是自利的縮影。他們不在乎有多少人可能會生病，沒有人可以命令他們該做什麼。

正如陶藝家蘇珊．麥克亨利（Susan McHenry）所說：「病毒大流行揭露了一場已經持續數十年的社會大流行。」科技只是惡化我們互動和溝通的方式。我們變得更孤立，也因此更不信任別人。在現代的全球文化中，我們變得更隱藏自己，也更閃避我們的各種感受。

這種感到更孤立和受到限制的影響相當廣泛：患有注意力缺陷障礙的人數增加、患有社交焦慮症的人數增加，也有越來越多的人絕望地試圖透過割傷自己，或犯下其他暴力形式的行為，來讓自己有感覺。

思考一下現代人的乾眼症問題。根據身體的智慧，我們需要每天分泌淚液，來保持視力的穩定和清晰度。但是，有很多人長期罹患乾眼症，現在已被視為一種疾病，並且開發出藥物來彌補淚液的不足。電視也不斷播放這些藥物的廣告。但就像我們社會中的許多情況一樣，這種做法只解決了症狀，而非根本原因。

在我們的文化環境下，乾眼症可以視為情緒壓抑型社會的一種明顯表現，表示在這個社會中，處理和表達情感的需要被轉移或否認。現代務實的斯多噶主義，在人的心中根深蒂固，我們的身體已經停止產生足夠的淚水來潤滑眼睛。這顯示了一條古老的意識法則：停止感覺，你就停止看見。

當我們的感受能力逐漸萎縮時，作為一個群體，我們視野的深度與廣度也隨之縮減，這又有什麼好奇怪的呢？我們有創造補償作用的天賦，但這只會讓我們更盲目。正如印度教思想家克里希那穆提（Krishnamurti）所指出的：「適應一個病入膏肓的社會並不是健康的指標。」

存在主義作家沙特（Jean-PaulSartre）在他的經典劇作《無路可出》（*No Exit*）中對這一切有一個怪異的預警，他想像生活在地獄中的微妙條件之一，就是永遠不能眨眼睛。這只會讓眼睛變得更乾澀、更難看清楚。[2]

我們可以從劇本中得到很多推論，但其中一個肯定是，謙卑總是能讓人流下淚水並潤滑我們的眼睛。因此，如果沒有感覺和謙卑，我們就會跌入枯燥的地獄，在那裡，麻木和傲慢不斷地使我們更盲目。這些是我們必須調解和抵禦的文化潮流，因為只有這樣，我們才能找到彼此，並過著感受到現實的生活，反過來又可以實現富有同情心的生活。

我們作為一個群體，如果沒有同情心來潤滑我們的視野，群體的存續或和平就無從實現。如果我們無法觸及自己的情感、無法連結彼此、無法相信共同利益，我們就開始漂進邪惡的潮流中。邪惡有兩種基本形式：一種是蓄意造成傷害，一種是脫離與生命的聯繫，以致殘酷的行為被認為是可以接受的。有兩種對人性腐蝕的現象會導致邪惡：一是心靈和思想逐漸麻木，二是誤以為必須不惜一切代價保護自己免受生活的痛苦，並且堅信這些痛苦是外界加諸在我們身上。

很多時候，無法變革時會導致邪惡。當我們拒絕承擔經歷真實痛苦時所需的風險時，就阻隔了邁向整體性的途徑，也因此轉移了變革的能量。當我們尋找阻力最小的道路以逃避人生的困難時，我們的焦點就急切地轉變為逃避感受到人生的痛苦。但是，當我們逃避生活本身時，只會加深我們的疏離。

一旦陷入這種逃避、否認的狀態，我們註定要排斥真實的經歷和外在的世界，而在這樣做的時候，我們很快就會懷疑他人的行為和動機。

然而，所有變革的能量都不會放過我們。如果我們不冒險去感受，我們就會發展出更強大的手段來保護自己。然後，對感覺和衝突的迴避就會升級為堅固的屏障。如果沒有情感和人際關係的慰藉，對現實生活的迴避和恐懼就會進一步升級為偏執和厭世。然後，我們就會困在堅持某種生存原則的處境中，而不是面對我們正在逃避生活體驗的事實。遺憾的是，最陰險的邪惡形式，是當我們將逃避生活視為崇高行為時所造成的自我傷害。

不管你喜歡與否，我們不斷面臨著保持真實的挑戰。這要求我們年復一年、從一個自我到另一個自我，不斷地拋棄虛假的事物。如果我們不能在戰爭中想像和平、不能在迷茫中想像信心、不能在恐懼中想像安全、不能在跌倒時想像再站起來，我們將失去所有的希望。這不僅僅是期待某個結果，而是一種保證：讓我們確信自己屬於一種持久且超越個體的生命力。

正是我們在生活中的真實經歷，促使我們感受到與他人建立關係的必要性。在安東尼・杜爾（Anthony Doerr）的精采小說《呼喚奇蹟的光》（*All the Light We Cannot See*）中，兩個角色在第二次世界大戰法西斯主義盛行期間，進行了這樣的交流：

「那就幫幫我們吧。」

「我不想惹麻煩，夫人。」

「什麼都不做，難道不是一種惹麻煩嗎？」

「什麼都不做，就是什麼都不做。」

「什麼都不做，就跟合謀沒什麼兩樣。」

「那你信任誰？」

「有時候你必須信任某個人。」3

只有信任才能引導我們走向真實。而唯有從真實的基礎上，我們才能了解真正的連結。只有從這種如靈魂親族關係的感覺中，我們才能感知到可以修復什麼。我們之中很多人都聽過〈寧靜禱文〉（serenity prayer）：「祈求上帝賜予我們力量，去改變可以改變的事，去接受不能改變的事，並賜予我們智慧來知曉其中的差異。」這篇禱文是我們在世界上尋找出路的深遠指引。

然而，與〈寧靜禱文〉相關的，還有一個針對虛假耐心的提醒，因為它可能會讓我們忽視應該質疑和改變的事物。在民權運動的高峰時期，馬丁・路德・金恩（Martin Luther King Jr.）在他現在著名的〈伯明罕獄中書信〉（*Letter from Birmingham Jail*）中，回應那些認為他對非暴力的立場不夠恰當的人時，表達了同樣的觀點。

金恩做了這樣的禱告：「如果我說過任何誇大事實的話，並表現出不合理的耐心，我請求你們的原諒。如果我說過任何輕描淡寫的話，並表現出我有耐心可以接受任何有損手足情誼的事，我請求上帝的原諒。」

在最理想的情況下，社群讓我們學習將共同利益置於自身利益之上，將人際連結優先於孤立，勇於表達而不是隱匿真實的情感。如果不這樣，我們就會阻礙自己的成長。

正如加拿大神學家范尼雲（Jean Vanier）所說：

> 越來越多的人感到孤獨。那麼，提倡成立和發展能讓人們找到歸屬感的地方，不是很重

要嗎？如果人與社會之間的媒介，這些心靈的學校不存在，人們將會發現越來越難達到人格成熟的狀態。

然而，對於每一次因自身利益而產生的疏遠，都有一個故事或傳統肯定共同利益的健全性。[4]思考一下夏威夷實行的「組合之道」（Kumiai Way）。[5]

日文單字kumiai的字面意思是「團體／組合」，現在指的是「志工社團」。組合之道提倡在需要時互助合作，例如在災難期間，鄰居如何發揮才能、互相幫助。在危機中，一個沒有領袖、臨時的社群聚集在一起，以應付某個特定的狀況。

自一九七〇年代以來，組合之道的精神在夏威夷表現為鄰里守望團體、住宅分區協會，以及各種族裔聯誼俱樂部。組合之道的成員被期望具有道德操守、態度謙虛，並以合作的心態投入行動。

我們每天都面臨這些選擇：是退到以自我為中心的孤立狀態，還是保持道德操守，態度謙虛，並以合作的心態行動。這在很大程度上取決於我們看待人際關係的態度：是感到糾結，或是感到自由。當然，人際關係可能兼具兩種性質。正是孤立與對生活的逃避，才會讓人際關係變得糾纏不清。另一方面，正是我們的連結和真誠，才使人際關係變得自由。孤立或連結，我們在這兩條道路之間搖擺不定。

只需要伸出援手或是真誠地聆聽，就足夠了。這些永恆的舉動讓我們對一切敞開。正如作曲家大衛・伯恩（David Byrne）所說：「有時候，和一個與你沒有任何共同點的人交談，而且仍然對他們的存在感到著迷，就是一種愛的形式。」[6]

每一天，當我們醒來，穿好衣服，勇敢地走入這個世界時，我們便面臨這些選擇：神聖化自身利益或維護共同利益、隔離或溝通、逃避生活或面對一切挑戰、接受殘酷或保持仁慈、是屈服於環境或信任生命的廣闊，以及築起心牆或以合作的心態投入生活。這些永恆的選擇，即使在最微不足道的情況下，也會引導我們回到彼此身邊。

> 如果我們不能在戰爭中想像和平、不能在迷茫中想像信心、不能在恐懼中想像安全、不能在跌倒時想像再站起來，我們將失去所有的希望。

可以思索的問題

- 在日記中，描述你練習並保持真實的一種方式。你如何知道什麼時候需要練習這個？
- 與朋友或所愛的人談話時，描述一次你在保護自身利益和保護公共利益之間左右為難的時刻。對你來說，兩者什麼時候是相同的，什麼時候是不同的？

3 頭腦是一種入口

從本質上來說，頭腦是一種入口，而不是一種容器。頭腦並不創造現實，它參與其中。頭腦並不創造生命，而是透過融入生命而變得活躍。我們的感知與生命的其他部分的關聯揭示了一個矛盾：要真正成為我們自己，我們需要從那些與我們不同的事物中學習。鳥兒生來就是為了築巢和飛翔的，因此，藍知更鳥必然會進入天空，而不是待在牠的小窩裡。鮭魚註定會離開出生地，然後再返回，並在過程中發生生理變化。毛毛蟲註定要在自己的周圍結繭，但不是待在那裡什麼都不做，而是隨著時間流逝蛻變成蝴蝶。

儘管我們非常抗拒，感知的根本目的就是找到方法，將自身與外界的一切連結起來。因此，我們長期透過愛和痛苦的啟蒙，進入令人謙卑而不斷變化的各種人際關係。隨著時間的流逝，我們被召喚要放下內心那道牆的堅持——尤其是我們稱之為觀念的那道牆——而且除此之外，我不會選擇其他任何方式。

我在我的某個教學活動裡講了一個故事，我注意到有一名學生對故事的結局感到不安。最後，她說：「我對這個故事有些疑問。」我停頓了一下後，回答：「我建議你不要為了適應你的世界觀而扭曲故事，而是要與故事中那些讓你感到不舒服的地方保持一點關聯，直到你能將它融入你的世界觀。」感知的目的不是把一切都轉化為我們自己，或我們已經看到的樣子。相反的，我們應該成長，而不是一直剛愎自用。更確切一點說，頭腦就像海邊的碼頭——這是進入海洋這個不斷變動的廣闊空間的出發點，我們將在這個廣闊空間中不斷考驗自己。

因此，當我們在生活中遇到一些讓我們感到不愉快，並且不符合我們感知模式的事情時，我們面臨的挑戰是，不要硬拗、淡化或拒絕它，而是要提出問題：「這件事帶來什麼我尚未理解的事物？」

在一般情況下，我們經常誤用頭腦，使它成為一部自我複製的機器，最終我們會彷彿是在世間行走的邁達斯①後代。但我們並沒有把我們所接觸到的一切都變成金子，而是把我們所接觸到的一切都變成我們自己的鏡像，正如D．H．勞倫斯（D. H. Lawrence）在他的詩〈新天地〉（New Heaven and Earth）中哀嘆的：

> 我永遠不會忘記那恐怖瘋狂的景象，當一切都變成我自己的時候……我吻了我愛的女人，但恐怖至極的是，我也在吻我自己。[1]

①譯者註：Midas，希臘神話中具有點石成金能力的人物。

只讓符合我們想法的和我們已經感受到的事物進入，限制了我們同理心的範圍和深度。當我們失去了心愛的拉不拉多狗米拉（Mira）時，我們陷入了前所未有的悲傷。有些人無法理解我們對失去一隻狗的悲傷。他們拒絕讓自己的感知融入與他們謹慎的經驗之外的生命。當我在三十多歲差點死於癌症時，也發現有些人非常害怕自己的死亡，拒絕接受死亡的必然性。彷彿無知的護城河可以保護他們免於死亡。

對頭腦最大的濫用，就是當我們讓它變得以自我為中心時，這種無聲無息的唯我主義在我們周圍罩上了一層自我意識的薄膜，這將阻止我們被其他生命所觸動。透過唯我主義的泡沫，我們將所有他者的經驗拆解為自己思想的投射。坦白說，這是荒謬的。而荒謬（absurd）這個詞的原始意義來自拉丁語 absurdus，意思是「聾子」或「走音」。

要提醒自己，生命遠不止我們的個人感知，只需要站在山丘上，迎著風全然面對它。然後，我們會再次明白，我們並沒有創造風。我們再一次被提醒，意志的深層目的之一，就是要攀登到開闊的地方。而經驗的永恆意義就是，將我們的臉龐置於風中，讓那看不見的力量使我們的頭腦變得清新。

我們最終一定會被召喚去了解自身之外的事物，並懇切地請求：「賜予我生命，教導我不知道的事物吧。」為了融入周圍的海洋，貝殼被塑造成圓形，直到它展現出內在的美麗。同樣的，最好的頭腦是一枚不起眼的貝殼，被浩瀚的生命海洋一直沖刷，直到夠圓潤得足以展現其內在的美麗。

沒有比從內到外充滿活力更安靜、更偉大的命運了。這就像藍知更鳥將天空帶回牠的小窩，鮭魚迴游到出生地並在死亡前徹底改變，就像毛毛蟲不可思議地蛻變成蝴蝶一樣，是一個自我解構為下一個自我的過程。

正如浪漫詩人雪萊所言：「創作中的頭腦就像一塊逐漸熄滅的煤炭，一些無形的力量，例如變幻不定的風，喚醒了它瞬間的光亮。」[2]於是，我們的心靈時而閃耀，時而消逝，在點燃我們周圍事物的同時，也被點亮。無論我們如何努力，自我模仿或將已知的事物奉為圭臬，都無法鞏固我們的價值。我們的價值是在生命的激流中被喚醒的，正如河流的入口因水流湍急而充滿生機。

感知的根本目的就是找到方法，將自身與外界的一切連結起來。

可以思索的問題

- 在日記中，描述一次你遇到一些與你目前的思考方式不同、令你感到不安的事情。你如何回應？你是否硬拗、淡化或拒絕這些新知識，或者你是否繼續與之對話？這種新鮮感對你有何影響？
- 在與朋友或所愛的人談話時，描述目前對你的認知方式來說是新的事物，以及它對你的挑戰。討論你可能如何看待這種新的認知方式。

4 看或不看[1]

有一則古希臘神話，就像不知名人士所寫的放在瓶子裡隨水漂流的瓶中信一樣，承載著我們人類所面臨的最重要的掙扎之一。這是關於天才音樂家奧菲斯（Orpheus）的故事，他的愛人尤麗狄絲（Eurydice）被冥王黑帝斯（Hades）奪走。奧菲斯悲痛萬分，於是前往冥界，懇求黑帝斯釋放尤麗狄絲。黑帝斯深思熟慮後說：「你可以帶回她。要將她帶回人間需要三天，但有一個條件，你必須揹著她，並在到達光明之前，不能看她的臉。如果你這麼做了，她將永遠回到我的身邊。」

不幸的是，奧菲斯不知道，黑帝斯對尤麗狄絲說的是相反的話：「他會帶妳到生者之地，在妳到達光明之前，妳必須看著他。如果妳不這麼做，妳將永遠回到我的身邊。」他們的重大搏鬥失敗了，尤麗狄絲也永遠消失了。

然而，我們的搏鬥仍在繼續。因為我們每個人心裡都有一個奧菲斯，他相信，「如果我看，我就會死」。我們每個人身上都有一個尤麗狄絲，她相信，「如果我不看，我就會死」。因此，「存在或不存在」之後的重大靈性問題是「看或不看」。我們個人達到的平衡狀態決定了我們能否走出困境。

我們每個人天生都有選擇「看」或「不看」的傾向，雖然這種傾向會隨著我們搏鬥和投入的程度在一生中不斷變化。毫不意外的是，我是個偏向具有女性直覺的預言者，因為我相信，如果我不看，我將等同於死亡。這可能與我身為詩人的使命有很大的關係。

但是，如同我們每個人一樣，我也在與這兩種傾向博鬥：成為祕密的守護者或真相的發現者。雖然沒有人能告訴我們該怎麼做，但我們必須一次又一次地在看與不看之間進行這場了不起的戰鬥，以便離開冥界，回到生者之地。

更深入來說，看或不看，這兩種傾向各有其適當的領域。類似中國的陰陽概念，它們代表宇宙中的接納性和主動性，當我們在觀察或不觀察生活帶給我們的挑戰時，我們就是一直在選擇看或不看，開放或封閉自己。接納性與女性特質相信，如果想知道什麼是真實的，就必須去觀察。而主動性與男性特質則相信，如果目標是繼續前進，就不能看太久。這兩種衝動本身都沒有害處。在最好的情況下，這兩種衝動是相輔相成的，讓我們能夠充分理解什麼是重要的事，同時向我們揭示為了實現這些重要的事，要如何在世界上採取行動。

我們面臨的挑戰，是了解這些傾向如何在我們內心運作，而不是過度放縱它們，以免它們控制我們的行為。當你知道自己必須看，卻不看，這會助長恐懼的程度。想像一下傳說中躲在壁櫥裡的妖怪，我們越不去看，妖怪就會變得更大、更可怕。然而，一旦鼓起勇氣去看，恐懼就消失了，衣櫥裡的黑暗似乎也消失了。但壁櫥裡的光線、亮度其實根本沒有改變，是我們的眼睛逐漸習慣黑暗，使我們更能夠清楚看到衣櫃裡的情況。當我們有勇氣去看時，我們就能克服內心的恐懼，看進黑暗。

心理學家榮格說：「精神官能症是合理痛苦的替代品。」因此當你知道自己必須看卻不看時，就會產生精神官能症的痛苦，也就是逃避現實的痛苦，以及持續否認生命所帶來的挑戰的痛苦。

另一方面，當你知道你不必看卻去看，會助長懷疑和憂慮。如果你說的傷人話語讓我感到困擾和痛苦，我可以在腦海中重播十幾遍，以為再想一次會讓我感覺好一點。但這樣做永遠不會有用。至少這是我的經驗。當你知道不必、卻一次又一次地去看，是過分擔憂的根源。反覆檢視事物，例如過度分析、過度質疑，會產生一種錯誤的控制感，只會讓我們陷入更深的懷疑和擔憂。

這就是哈姆雷特故事的提醒，他知道自己必須採取行動，才能為父親的謀殺案伸張正義，因此反覆思索眼前的每一個決定，以至於最後他對一切的確定性都瓦解了。這種過度分析讓他變得虛弱，充滿痛苦的懷疑，甚至質疑自己的存在

當我們如此強烈地反芻性思考我們的經歷時（透過回顧發生的事情、透過一次又一次重新審視說過的話或做過的事），唯一的出路就是放下，而且就在感覺不可能放下的那一刻放下。如果我們想重新定位自己，這是一個必要的練習。

對我來說，關於這一點，有一位偉大的老師出現在我一首題為〈實踐〉（Practicing）的詩中來，詩是這樣的：

剩下最後一口氣的男人，
放下了他所攜帶的一切。

每一次呼吸都是一次小小的死亡，
讓我們得以自由。

我們如何分辨何時該看，何時不該看，這是自我覺知的終生修練。否則，生命的脆弱本質會加劇我們的恐懼，過多的思考會加深我們的擔憂和懷疑。

追根究柢，雖然我們需要看與不看這兩種能力才能充實地生活，但我們更需要經常觀察的勇氣，而非不觀察的紀律。正如花朵必須不斷綻放，才能迎來春天，我們必須注視，而不是轉身。正如波浪必須不斷湧向頂點，大海才能不斷到達海岸，我們也必須更加勇敢地投入生活。

「存在或不存在」之後的重大靈性問題是「看或不看」。

可以思索的問題

- 描述一件你需要注意但正在逃避的事。為了盡量減少恐懼，你可以採取什麼小小的行動去觀察那件事？
- 在與朋友或所愛的人對話時，描述一件你需要停止關注的事，為了大幅減少擔憂，你可以採取什麼小小的行動，讓自己不再去關注那件事？
- 在與朋友或所愛的人對話時，不妨討論一下：你是傾向於面對人生的挑戰，還是傾向於迴避？這種基本態度如何幫助或傷害了你？

5 未知的領域

班恩是我為期一年的課程中的一名學生。他敏感、體貼、謙虛且全神貫注，是一位善於傾聽並能將各種事物整合起來的深度思考者。在我們上次聚會時，班恩透露，他在冷戰期間擔任美國海軍潛艇的軍官和核子工程師，後來被派駐到中東，在代號「伊拉克自由」（Operation Iraqi Freedom）的軍事行動中，擔任美國海軍海蜂隊（Seabees）的第二負責人。他將軍隊、戰爭的世界描述為絕對、非黑即白。由於不允許發生任何錯誤，因此非常依賴培訓和細緻的準備。每項行動和決定都要經過多次檢查，以確保嚴格遵守管理原則。

班恩接著解釋，透過被動聲納在水面下聆聽，就是在潛水艇中「看」的方式。如果接近未知水域，你就必須避開那個區域。因為盲目移動，可能會撞到隱藏的珊瑚礁或海底山體，並造成災難性的破壞。班恩停頓了一下，語氣更柔和了，他說：「這樣絕對的方式適合那個時期、適合那份工作。但我開始懷疑，這種對完美的極度追求對我的餘生是否有幫助。這就是我開始參與我們現在進行的內在探索的原因。」

在我們的人生旅程中，每一個人遲早都會遇到轉折點，班恩的見解正是一個很有力的例子。因為我們被引導發現自己天賦的地方或方式，不一定是我們受到召喚去發揮這些才能的領域。對於學習的環境，我們可能會變得不容易改變而產生依戀。並在面臨以不同方式發揮才能的挑戰時，感到苦苦掙扎。你可能是透過拆解物品來學習如何使用錘子和螺絲起子，最後卻發現你註定要用這些技能來組裝東西。

在班恩的例子中，他本來可以輕輕鬆鬆守著一種絕對的人生，追求自我與人際關係的完美，不容忍錯誤或閃失。我們之中的許多人都被追求完美的欲望所苦惱，並活在理想自我與現實自我的痛苦落差中，一味擔心著：如果犯了錯，我們的人生就會毀了。

然而，班恩內心的某些力量，也許是靈魂之光，也許是存在的權威與自信，知道要真正成長並感受到生命的活力，唯一方法是進入未知的領域，而不是迴避它們。當我們能夠深入傾聽時，我們的心就是引導我們在未知水域中航行的聲納。它是人的所有「內在儀器」中最敏感、影響最深遠的。

因此，我們需要流暢並熟練地讀懂心，讀懂它如何告訴我們秉持誠信前進。有意思的是，海軍執行水下任務的指令是「安靜航行，進入深處」，以避免被敵人發現而成為攻擊目標。當我們進入靈性之旅的深處，我們被召喚進入內在使命時，海軍的指令也很適用。為了發現我們是誰，我們要朝向內在，「安靜航行，進入深處」。

在現代世界，由於科技的快速發展，使得世間萬物都複雜起來。雖然我們的科技觸角已經到達月球甚至更遠的地方，但我們對生命的關懷依然是逐漸累積的——在地球上，每一刻的關懷依然逐步累積到下一刻。

儘管科技帶來許多益處，卻也拉大了我們與心靈的距離。因此，我們需要投入精力培養內在生活的豐富度，以填補這個差距。請記住，我們的雙臂是從心延伸出來的。因此，我們可以透過真實行動來衡量自己，看有多少真實想法轉化為實際行動。這也是我們的善意被知道的方式，因為我們的心透過雙手的真實行動觸及了世界。只有關懷、善意、慈悲和敬畏之心，才能幫助我們縮小與心靈之間的差距。

> 要真正成長並感受到生命的活力，唯一方法是進入未知的領域，而不是迴避它們。

可以思索的問題

- 在日記中，描述一個不斷拓展的邊界，它代表著你未知的領域，你如何被召喚進入這些領域，以及你如何避開它們。描述一個你可以採取的進入這片未知領域的具體行動。

6 這裡與那裡[1]

身為人類，困擾我們的最難以察覺的問題之一，就是認為真正的生活總是在別的地方，而不是我們當下所在之處。當然，生活有無限的面向都在同時發生。當你在閱讀這篇文章時，世界各地數百萬的靈魂正在經歷各種「當下」的生活：睡眠、醒來、死亡、出生、墜入愛河、失戀、受傷、治癒、尋找夢想，以及同時也有人看著夢想破滅。但當我們感到痛苦、充滿恐懼或因缺乏價值而感到心情沉重時，我們就會想像，一個更有價值的人生版本就在某個遙不可及的那裡。然後，我們就不再探索我們所擁有的人生，我們就不再安住於我們被賦予的這個人生中。

我在三十多歲的時候差點死於癌症，這讓我發現了一個永恆的祕密：「那裡」並不存在，只有「這裡」。生命奧祕的核心矛盾之處就是，透過活在我們眼前的永恆當下，如果我們能夠保持真誠，並忠於我們自己的體驗，我們就可以瞥見、感受，並進入永恆的當下——也就是每一個人在每一個地方正在同時體驗的瞬間。

多年來，我很幸運可以召集各種團體，與善良的靈魂共度旅程。有個甜蜜的矛盾不斷重演：我興沖沖地前往世界各地，一旦到了那裡，卻只是為了向每個人確認，我們其實無需前往任何地方。我很樂意這麼做，這是一種榮幸。當然，我們都從許多不同的地方前來相聚，但當我們相聚時，我們總是進入同一個永恆的時刻——同一個「這裡」。

多年前，我會在夏天走訪阿迪朗達克山脈（Adirondacks）的一座小湖。湖的另一邊是國有土地，因此尚未開發。我會早早起床，在湖畔的碼頭喝咖啡，看著陽光覆蓋著遠方的湖岸，那個湖岸在其質樸的氛圍中顯得如此神祕。到了這個夏天的第三個早晨，我感覺到自己必須坐在那個更遠的湖岸上，彷彿生命的祕密就在那裡等待著。我必須去那裡。於是我把咖啡放在小船的底部，用槳划到對岸。划了二十分鐘後，我把船身輕輕推到石灘上，喝了咖啡，並坐到我先前被吸引的地方。我嘆了一口氣，回頭看了一眼對面。果然，我剛才坐在碼頭的地方，在其質樸的氛圍中顯得如此神祕。我笑了，也明白了，根本沒有那裡，只有這裡。

關於這一件事，我在幾年前又有了一個後續的學習。那時，我早早起床，身處一個位於鄉村的靜修中心。當時是春天，在開始當天的活動之前，我正在散步。遠處的山上閃耀著光芒，像阿迪朗達克的湖岸一樣吸引我。當我向山走近時，我被它的美麗所震懾，在初升的陽光下，它正在閃閃發光。當我走近時，山的細節開始變得清晰。那裡有一棵死掉的樹，樹樁已經被蟲吃光了，還有鐵絲網的殘餘物纏繞在高高的草叢中。當我到達山上時，我可以看到遠處有一頭鹿的屍體。我越靠近，就越能看到山丘在眩光之下的真實樣貌。小丘無言地說，對我們所有人來說，挑戰就是要看到眩光之下的事物，並熱愛那裡的一切。

這說明了墜入愛河和沉浸在戀愛中的差異。最初，我們像被遠處閃耀的山吸引一樣，被對方的可能性所吸引。天哪，多麼美麗啊。我想靠近一點。我想去那裡，甚至住在那裡。然後，當我們走近時，生活的現實就會在眩光下顯現出來。但通常走近的人會說：「你為什麼沒有告訴我這裡有棵死掉、被蟲吃光的樹。還有這個鐵絲網呢？你也從來沒有提過死鹿。你為什麼要隱瞞這些事？」被靠近的人感到受傷並回答：「我沒有隱瞞任何事。你就不能愛我本來的面目嗎？」

在關係中，「那裡」相當於我們想像別人的樣子，或希望他們成為的樣子，而「這裡」則是接受別人的本來面目。當我們墜入愛河時，挑戰在於看透我們希望所愛之人成為的樣子，並愛他們所有凌亂的細節。在這方面，我們被反覆要求把理想拋在一邊，追求現實——無論是在生活中，還是在人際關係中。莎士比亞的〈十四行詩第一百三十首〉（Sonnet 130）是關於這一切的精采表達。

在十六世紀英國女王伊莉莎白時代，宮廷愛情的對象是理想化的存在。於是，當時的詩人對理想對象充滿嚮往，並歌頌他們的愛情光輝燦爛、完美無瑕。莎士比亞一開始也不例外，他的前一百二十九首十四行詩都符合浪漫主義理想的崇高描述。然後，莎士比亞在完美愛情的眩光下從恍惚中醒來。沒有人知道發生了什麼事，但〈十四行詩第一百三十首〉完全偏離了對理想的追求，幾乎不加修飾地讚揚現實中更持久的愛：

我情婦的眼睛一點也不像太陽；
珊瑚色比她嘴唇的紅色還要紅；

如果雪是白的，為什麼她的乳房是深褐色的；
如果頭髮是金屬絲，那麼她的頭上就會長出黑色的金屬絲。
我見過玫瑰的紋路，紅色和白色，
但我在她的臉頰上看不到這樣的玫瑰；
有些香水的氣味比我情婦
散發出的更令人愉悅。
我喜歡聽她說話，但我很清楚
音樂的聲音更悅耳；
我承認我從未見過女神行走；
我的情婦是踩在地上走路的。
然而，天哪，我認為我的愛
和她用虛假比較所掩飾的任何愛一樣稀有。

若沒有最後兩行，這樣的愛情描述將會顯得殘酷。因為莎士比亞將愛情根植於現實，幾乎到了苛求的程度。但是，他卻說自己的愛如此稀有，因為他包含了她的真實人性，即使她因為不安而將自己與那些虛幻的愛情相提並論。他看到了她的凡人特質和缺陷，卻依然愛她——超越了她在眩光之下的真實。

雖然莎士比亞的觀點很極端，但是當我們在這個最可愛的世界中跋涉奔波，當我們可以接受除了這裡沒有其他地方可去時，這就是我們普通人面對的現實。我承認，我的心和世界之間的距離越近，我就越能愛這個世界本來的樣子，不論它如何被時間改變。小巷裡一塊反射著陽光的碎玻璃，就像森林邊緣盛開的野花一樣珍貴。

我們需要看清事物的本來面目並愛其本質，這是我們體驗平靜和最後喜樂的關鍵。然而，我們要如何做到呢？也許我們可以全心全意地專注於眼前的事物，直到它在陳舊和破碎的細節中展現出它更耐看的美感。在我寫這篇文章時，我們正處於冬天結束的邊緣，光禿禿的樹木上露出了先前暴風雨所造成的割傷和斷裂。在十二月灰暗的下午，什麼都隱藏不了。它們的赤裸有一種獨特的美，就像美好的人生展示了所有的傷痕和局限性一樣，因為經歷了這麼多，甚至更值得去愛。

雕塑家羅丹（Auguste Rodin）年輕時沒錢聘請漂亮的模特兒，最後付錢給一位鼻子骨折的年長雜工為他擺姿勢。這讓他領悟到，持久的美麗不僅僅體現在表面上那些令人愉悅和吸引人的光芒，更體現在隨著時間推移，經歷風霜後所展現的深刻與堅韌中。

中國古代的聖賢僧璨大師說：「無在不在，十方目前。」[2]儘管我們說我們在的地方就是「這裡」，我們不在的地方就是「那裡」，但生命同時在每一個地方展開。每一個地方都是當下。雖然打破「一體性」有助於理解不可理解的事物，但我們很快就忘掉了，正是因為我們理解力的局限性才需要打破「一體性」。

因為，就像挨餓的人無法一次吃掉一整條麵包，有意識的心靈必須從無限中汲取小片段，以便消化那些能滋養我們的事物。儘管如此，盲人知道，在他們的黑暗之外，世界是可以看見的；聾人知道，在他們的寂靜之外，世界充滿了音樂。只有固執的頭腦才會堅持，世界是由它所能理解的事物來定義的。

當我們面對生命的光彩與耀眼時，並不意味著更多的承諾，而是通往永久與真實的大門，讓我們能夠實現期望與理想。畢竟，你不能活在絢爛的強光下，你只能活得比它更久。問題在於，一旦眩光消失，你是否會感到失望，或領悟到你在這裡，這裡就是我們的家。

> 對我們所有人來說，挑戰就是要看到眩光之下的事物，並熱愛那裡的一切。

可以思索的問題

- 描述一次你認為生活或愛情不在你所處之地的時刻。這對你有何影響？你現在主要生活在哪裡——是「這裡」還是「那裡」？

第七章　創造有益他人的事物

所有主要宗教傳統的目的，不是在外部建造宏偉的寺廟，而是在我們的內心創造善良與慈悲的殿堂。

——達賴喇嘛

本章探討的內容將幫助我們：

- 共同努力修復無法通行的道路，並尋找或修建新的道路。

天堂就在我們心中，也存在於每個當下。如果我們有勇氣在以愛或苦難揭示這份深度時不逃避，就可以透過真誠和脆弱來接近天堂。創造有益他人的事物，是我們與生命訂定的永久盟約，我們承諾要保持覺醒，並安住在充滿關懷的生活。實現天堂需要我們的全神貫注、傾聽與關照他人。這些基本的承諾讓我們重新體驗生命，讓我們深刻體認到活著是多麼難得的事。從覺醒的這一刻開始，我們可以找到彼此，並體驗到一體性的喜悅。本章探討我們如何在生活中實踐天堂，包括透過互相照顧來保持活力、記憶的真正目的是幫助我們重建整體性、學習是為了幫助我們修復自己；生活無非就是一個誠實的課堂，我們如何在恐懼和接受之間徘徊，以及如何帶著驚奇的眼光行走在世界上。

1 在此隨順

天豈去此哉！任真無所先。

——陶淵明〈連雨獨飲〉[1]

多年來我一直在指導年輕人對抗絕望。現在，局勢再次變糟，城市正陷入混亂，老人家尋求上帝的庇佑，而迷失的人則透過他們所受的傷害來確認自己的存在。儘管我的心智像斷裂的肋骨一樣不斷癒合，但我仍然相信，我們稱為生命的港灣，所帶來的不僅僅是淤泥。

我出生在另一個很少人願意談論的黑暗時期。然而，我對身為猶太人的奇蹟和悲傷感到深厚而長久的連結。因為像大屠殺這樣的種族滅絕，是影響我們幾個世代的精神海嘯。因此，我仍然沉浸在猶太靈魂的心碎和敬畏中，以及我們堅強和苦難的漫長軌跡中。我繼續向那些忍受苦難並且沒有成為壓迫者的人學習。以善良來忍受一切，我們隨順。

據信，波蘭（Poland）這個名字源自希伯來語*po lin*，意思是「在此隨順」（here abide）。傳說這些文字被刻寫在一張從天堂降下的紙條上，是中世紀猶太人大屠殺期間逃離德國的難民發現的。

現在，這個指示落到我們身上：「在此隨順。」

*Abide*源自古英語字根onward（向前），意思是「接受或依照……而生活」。所以，「在此隨順」意指在風暴中找到光明，並隨順生活，繼續前進。「在此隨順」的深意是，我們在面對逆境時，選擇繼續向前，穿越困難，而不是逃避；向前並不代表離開，而是更深刻地融入當下的生活。「在此隨順」意味著在風暴的洗禮中，我們觸及那不受影響的心靈深處，並在風暴過後找到平靜。

七十多年過去了，在今天的德國，將工人安置在沒有窗戶的房間裡是違法的。這是法律。這似乎是文化修復的效應，為二戰後的災難提供表面上的和平。因為在二戰期間，數百萬人像牛一樣，被趕進沒有窗戶和空氣不流通的棚車。

在多個集中營中倖存下來的傳奇精神病學家維克多・弗蘭可（Viktor Frankl）曾經建議，美國東岸有「自由」女神像，還需要在西岸樹立「責任」女神像才算完整：

> 自由只是故事的一部分，也是事實的一半。自由只是整個現象的消極層面，其積極層面是責任。事實上，除非以負責任的態度生活，否則自由就有退化為恣意妄為的危險。這就是為什麼我建議，在西海岸建立責任女神像，以便與東海岸的自由女神像相輔相成。[2]

對於任何形式的「在此隨順」來說，至關重要的是，我們持續不斷地努力回應發生在我們身上的一切。就像善意始於最微小的舉動（比如幫忙搬起重物，或擦拭疲憊的朋友額頭上的汗），殘酷也始於最細微的扭曲（排斥外人或把某人的眼鏡藏起來）。所以，我們要與生活合作，而不是對抗生活。我們必須在合作而不是對抗中找到自身的價值。我們必須做出回應，毫不保留地給出和接受。

無論我們面臨個人危機還是社會悲劇，這些支撐我們的課題依舊存在：我們如何修練忍耐，而不成為壓迫我們的事物的一部分？我們如何能挺過動盪，恢復平靜？我們如何在忍耐中依然保持善良？我們如何「在此隨順」，並依據那些支撐我們的核心價值來生活？

雖然勇氣是必要的，但它不是我們自己能召喚出來的。勇氣是一種我們需要與之合作才能釋放的力量。就像鳥兒在風中努力滑翔一樣。雖然從地面上飛行似乎是不可能的，但一旦升空，鳥兒就需要張開翅膀、升起、振翅，並找到牠所順勢而行的氣流。

重要的提醒是，鳥兒在展開翅膀時，無法避免暴露自己的胸膛。所以，如果沒有心的引導，鳥兒就無法飛翔。對人類來說，這相當於我們對生命的承諾，即對生命說「好」。對生命說「好」，是努力獲得恩典的方式。正如德蕾莎修女（Mother Teresa）所說，勇氣始於「用愛做小事」。關懷是我們張開翅膀的方式，而愛是我們順應而上的風。

即使如此，當別人的恐懼和狹隘侵犯我們的界限時，我們不可避免地會感到受到挑戰。但如果我們選擇面對這種挑戰，它會給我們機會堅守內心的正直，不讓那些自以為能控制我們的人有任何機會。

面對這樣的挑戰，你意外成為一個堅定的榜樣。然後，在你不知道的情況下，你給了我力量，讓我能更加真實的做自己。然後，當恐懼讓我變得渺小和狹隘時，正是你的善良和正直，幫助我重新獲得心靈的充實。這一切都是人際關係的一部分，無人能例外。

我們都面臨著會產生重大後果的小選擇。殘酷的冷漠會讓人焦躁不安，小小的善意卻會讓人感到踏實與深遠的平靜。

有一天，一個孩子的笑聲讓我煥然一新，並激勵我去幫助一個在他們家門口遇到困難的陌生人。雖然沒有什麼可以炫耀的，但這些努力讓我變得更完整。你看，有時候我們會跌進恩典之中。在尋找出路時，當一場突如其來的大雨洗去我心中的憂慮時，重要的事物就會出現。在迷茫或迷失時，重要的事情會像光一樣穿過雲層，並滲透到準備重新開始的人心中。如此煥然一新，跌進恩典，這也是「隨順」的意思。

也許和平會再次到來，就像春天緊隨著冬天的腳步一樣。當我們之中有更多人流下淚水而非無動於衷，直到所有人的淚水匯聚成一條河，那些持槍動武的人將在河中洗去臉上的血跡，然後在茫然中醒悟自己曾經犯下的過錯。

就我而言，我在我們的時代和整個歷史中尋找值得效仿的榜樣，並發現許多真正的英雄。但最具啟發性的那些人是如此獨特地成為他們自己，令我感到自身的分裂與困惑。儘管所有人都激勵了我，但沒有人能告訴我如何「在此隨順」。我只知道，善良是我們達到內心完整的重要途徑。

「在此隨順」要求我們穿越風暴到達不受影響的深度，我們要挺過動盪，恢復平靜。

可以思索的問題

- 為了滑翔，鳥兒需要張開翅膀、升起、振翅，並找到牠順應而飛的氣流。這與我們面對勇氣的過程相似。在日記中，探索對你來說打開心扉、提升自己、找到生活更大的氣流、然後臣服，這樣才能被勇氣帶領，對你意謂著什麼。用個人的經驗描述這個過程的每一個部分，然後詳細說明，你在這些方面的下一步計畫可能是什麼。
- 在與朋友或所愛的人談話時，描述你如何透過象徵真實性的指標，來知道自己正走在人生的軌道上。

2 記憶的作用

如果你能看到事物的整體面貌……那它似乎永遠都是美的。

——娥蘇拉・勒瑰恩①

我的作品《在一起比孤獨更重要》（*In More Together Than Alone*）寫到在印尼發現一尊古老的觀音雕像，並在博物館展出。這尊古老的雕像成為熱門的景點，不僅吸引遊客，也吸引了當地的居民。大量的人群停留數個小時，無視參觀路線和博物館的規矩。在觀音雕像前，有些人會唱誦，有些人會跳舞。還有人開始在觀音雕像的腳下撒花瓣。這座被發現並展出的雕像，原本是象徵神聖事物的文物，但在當地人眼中，這尊觀音像卻充滿了生命力，展出地點還成為村民祈禱的宗教聖地。對村民來說，觀音像不是工藝品，而是活生生的神靈。因此，當觀音雕像「復活」後，博物館就不再是博物館了，策展人也被質疑其策展的目的。

雖然博物館和圖書館是每一代人保存有意義和神聖事物的來源，但記憶更深層的用意不僅僅是保存過去，而是照顧那些重要的事物，直到它們重新煥發活力。

這反過來又需要我們保持持續的覺察，以洞察重要事物何時再次活躍起來。這對我們的靈性成長至關重要，因為比起保護曾經活過的事物，活生生的事物需要不同形式的照顧。

假設有一座博物館正在保存一幅古老的花卉油畫。為了保存古老的筆觸和油墨，展示空間要保持陰暗和涼爽。但如果這朵花神祕地活了起來，難道我們不需要讓光線進來，並為花澆水嗎？難道我們不需要以更直接、更滋養的方式，來關心那些生氣勃勃的事物嗎？這就是透過懷舊並神化過去，以及讓過去幫助我們走向未來，兩者之間的區別。意識到事物在何時變得有活力，並改變我們關心它的方式，是我們心靈任務的一部分。

父親去世後，我保留他的幾樣工具，現在我把它們放在我的桌上。這是我個人博物館裡的展覽。其中一個工具是尖鑽，它的紅色木柄有缺口，並且輕微變形。看到父親的工具在我桌上，可以幫助我感受到他的存在，以及對我人生的影響。但去年夏天，我為我的妻子蘇珊製作新的陶器架。我需要一把尖鑽。突然間，我手中拿著父親的工具，開始製作架子。我握著他握過的木柄，用我的手掌按著他按過的地方。感覺就像我們正在一起建造某樣東西。架子做好後，我把尖鑽放回我的桌子上，現在它以一種更深刻的方式發出光芒。

博物館或個人收藏對我們有意義的物品，並沒有什麼問題。重要的是，我們要保留有意義的事

①譯者註：Ursula Le Guin，美國二十世紀的科幻、奇幻與青少年兒童文學作家，以《地海傳說》系列聞名，曾與人合譯《道德經》。

物，並保持開放的態度，隨時準備迎接它們重新煥發生命力的時刻。

然而，創傷代表我們不想再次復活的記憶。我們實際上希望創傷能夠放鬆它的控制力，這樣一來，過去就不會決定我們的未來。這需要不同的心靈任務。

過去的力量無所不在，不容小覷。最近，蘇珊完成拉坯，然後把陶碗放在潮溼的房間裡陰乾，以便在燒製前定型。幾天後，當她回來時，她的碗在定型之前被人意外地敲到了，所以邊緣有點變形。碗仍然夠潮溼，讓蘇珊能夠重塑邊緣。碗終於定型，也燒製好了，但當它出窯時，邊緣又恢復了彎曲的狀態。蘇珊很迷茫，當時最年長的陶藝師，也是一位她認為安靜沉默的大師，出現在蘇珊背後，告訴她：「哦，這種情況三不五時會發生。一旦進入火中，破碎的陶罐仍能保留破碎的記憶。」

破碎的記憶通常會再次出現在我們的腦海和心中。面對如此深的傷口和傷疤，我們可以向樹木尋求教導。一棵被砍伐或折斷的樹，只是在被砍伐或折斷的周圍，不疾不徐地生長起來。它的生長合併傷疤，直到傷疤成為樹的一部分。儘管修練起來很困難，但我們對創傷最持久的回應，就是在疤痕周圍生長，直到它不再是我們人生中的主要特點。儘管我相信這是真的，但要與疤痕共生，我也仍然在努力中。

生而為人，我們不斷面臨挑戰，要照顧記憶中的事物，直到它們再次煥發活力並幫助我們繼續生活。而且，面對所有的創傷，我們也要努力不讓那些痛苦的事物繼續存在，阻礙我們重新開始。

我們每個人都需要發展出自己的方法，以應對記憶的真實目的。隨著時間的流逝，我發現越能在生活中保持真誠、正視創傷，我個人博物館裡的文物就越能告別展出，為我的心靈騰出更多的空間以迎接未來。

> 記憶更深層的用意不僅僅是保存過去，而是照顧那些重要的事物，直到它們重新煥發活力。

可以思索的問題

- 在日記中，描述一段痛苦的時光，受傷的記憶不斷地出現在你的腦海和心靈。現在，在這個傷害的周圍納入你人生的其餘部分，練習擴展你的人生。每天這樣做，持續一週，並記錄這段經歷。
- 在與朋友或所愛的人談話時，描述你內心那座個人博物館中，某件等待重生並隨時可以使用的物品，這個物品作為活生生的資源，可幫助你度過當下的挑戰。之後，如果這個物品就在手邊，請將其拿在手中。如果不在手邊，請找一個象徵物，並將其拿在手中。吸入這個物品的生命力。每天這樣做，持續一週，並記錄這段經歷。

3 刻寫板守護者

如果你有花園和圖書館，你就擁有了所需的一切。

——西塞羅（Cicero）

當我還是個孩子的時候，我一學會寫名字，就去辦了一張借書證。當時我才四、五歲，我和兄弟簡直把我母親逼得快要抓狂，我們會借一些看起來非常大部頭的書，強迫母親唸給我們聽，一邊驚訝地盯著比我們的頭還大的圖像。發現新世界的感覺是如此強烈，讓我很早就意識到，這個世界比我自己還要廣大得多。甚至在我能閱讀之前，我就感受到書頁的奧祕。書本就像一道神奇的門，吸引著我。我從未遠離書本。

我在海邊長大，第一次感受到真正的孤獨，是當我坐在船頭看著海浪不停湧起與消失時。我的另一種長久以來的孤獨感，來自書架上的書。而現在，我已經很難將這兩種孤獨分開。因為無論是寫作或閱讀，書本帶你去的地方，就像出海航行一樣。獨自沉思猶如獨自坐在船頭。在這兩種情況下，世界會在你面前映現，直到在某個清晰的瞬間，你會看清事物的本質。

即使是現在，我的床邊還有成堆的書，我像熱切的朋友一樣打開它們，自由地在書籍間移動，反覆閱讀那些與我內心深處息息相關的段落。當我發現自己是詩人時，圖書館存放詩集的書架成了我的避難所，我在那裡第一次聽到打動靈魂的聲音，那裡是跨越時光的綠洲，讓我可以探索不同的自我。隨著我自我意識的成長，我在那裡找到了理解我的靈魂，也發現了能撫慰我孤獨心靈的思想共鳴。那是一種祕密的友誼，引導我躁動的青春期心靈，穿越里爾克、赫曼·赫塞、聶魯達、威廉·卡洛斯·威廉斯（William Carlos Williams）、雅德里安·瑞奇（Adrienne Rich）、羅伯特·潘·華倫（Robert Penn Warren）、穆瑞爾·洛基瑟（Muriel Rukeyser）、朗吉努斯（Longinus）與柏拉圖等人真誠而深刻的思想之洋。他們的陪伴讓我心胸寬廣，也讓我發現了一種以前不熟悉的，卻讓我深感認同的生活方式。

在試圖理解寫作的本質時，我被圖書館誕生的原因所吸引，並且不意外地發現，作家的生活與所寫之事物有很多共同之處。書寫一開始是為了表達與整合人類經驗的本質，而圖書館一開始則是為了連結這些經驗並保存這種本質。

從一開始，圖書館和那些保存知識與認知方式的人就創造了一條血脈。[1]「圖書館」（library）一詞源自拉丁語 *librarium*，意思是「書櫃」，以及 *liber*，意思是「樹的內皮」。這個字的原始意義隱含著如是觀念：圖書館保存著人性的內在本質。

第一座圖書館的歷史可以追溯到西元前三千五百年，其館藏大部分是由已經記錄和發表的資料組成的。在伊拉克南部蘇美（Sumer）古城的考古發掘發現，寺廟房間裡裝滿了寫著楔形文字的泥板。考古學家在尼尼微（Nineveh）發現的亞述王國的巴尼拔圖書館（Library of Ashurbanipal）藏有三萬多塊泥板，其歷史可追溯至西元前八世紀。

中國早期的圖書館始於秦朝，當時圖書館的目錄寫在精美的絲綢捲軸上，並存放在絲綢袋中。然而，直到西元八世紀，阿拉伯世界才開始從中國引進造紙工藝。西元七九四年，第一批造紙廠的其中一座開始在巴格達運作。到了西元九世紀，許多伊斯蘭城市開始出現公共圖書館。

西元九八三年，阿杜德·道拉（Adud al-Dawlah）在設拉子①建造了一座宏偉的圖書館，中世紀歷史學家穆卡達西（al-Muqaddasi）將其描述為：「一座建築群，周圍環繞著花園、湖泊和水道。建築頂部為圓頂，分上下兩層，共有三百六十個房間。每個部門的架子上都放著目錄，房間裡都鋪著地毯。」

但古騰堡（Johannes Gutenberg）在一四〇〇年代對活字印刷術的驚人發現，徹底改變了書籍製作的方式，並促成現代圖書館的蓬勃發展。一五七一年，梅迪奇（Cosimo de' Medici）根據自己豐富的收藏，在義大利佛羅倫斯建造了羅倫佐圖書館（Laurentian Library），該圖書館以收藏超過一萬一千份手稿和四千五百冊印刷書籍而聞名。英國真正的公共圖書館，最早的例子是位於林肯郡格蘭瑟（Grantham）的法蘭西斯特里奇鎖鏈圖書館（Francis Trigge Chained Library），建於一五九八年。[2]

美國國會圖書館於一八〇〇年四月二十四日成立，當時約翰．亞當斯（John Adams）總統簽署了一項國會法案，將政府所在地從費城轉移到新首都華盛頓特區。該法案的一部分是撥款五千美元，「用於購買國會可能需要使用的書籍，並配備一間合適的藏書室來存放這些書籍。」書籍是從倫敦訂購的，由七百四十本書和三十幅地圖組成的收藏品，一起存放於新國會大廈中。

一八一四年八月，入侵的英國軍隊放火燒毀了國會大廈，及其藏書三千冊的小型圖書館，剛建成的國會圖書館被摧毀。不到一個月，前總統湯瑪斯．傑佛遜（Thomas Jefferson）提供他的私人圖書館作為替代品。傑佛遜花了五十年的時間累積各式各樣的書籍，其中包括許多外語書籍以及哲學、科學和文學書籍。一八一五年一月，國會接受傑佛遜的提議，撥款兩萬三千九百五十美元購買他的六千四百八十七本書。

如今，美國國會圖書館收藏了四百七十種語言、超過三千兩百萬冊書籍和其他印刷資料；超過六千一百萬份手稿；橫跨共三個世紀的一百萬期世界各地的報紙；四百八十萬張地圖；二百七十萬個錄音檔案；以及超過一千三百七十萬張印刷品和攝影圖像。

以上只是概述我們人類需要保存和發展各種知識的方式。事實上，人類已經嘗試在一切物品上書寫，包括樹葉、樹皮、獸皮、黏土、木材、石頭和金屬。我們也嘗試過使用從棍子、骨頭到羽毛

①譯者註：Shiraz，伊朗中部古城。

等物品來書寫。在這個電腦軟體可以幫我們押韻的時代，我們仍然需要自由地寫作，才能在永恆中定位自己存在的意義。

我最深入地嘗試呈現永恆，是在我創作史詩《無證之火》（*Fire Without Witness*）期間。在進行這本書相關研究的六年時間裡，我像一個前往樂土的遊牧者一樣在許多圖書館紮營，隨身帶著線索和紀念品。我發現的四百頁細節和引言成為我繪製史詩的調色板。我沉醉於歷史的情節，熱中於栩栩如生地呈現它們。我必須說，研究的經驗讓我充滿活力。如果沒有圖書館的存在，這種深入的探究之旅就不可能實現。如果沒有接觸到這些大量的書籍，我就會被困在自己的時代裡，被困在自己對事物的認知裡，被困在目前的時代裡，無法接觸到人類文明的脈絡。

《無證之火》出版後，我悄悄去了家鄉的圖書館，尋找小時候讀過的那些厚重的大書。當然，它們都被丟了，但我在架上找到我的作品，放在我小時候伸手搆不到的地方。我站在那裡，想起在尼尼微發現的巴尼拔圖書館中那些古老的泥板文書。我很榮幸地將自己的作品添加到這堆館藏中。

現在，隨著社群媒體日益侵蝕語言與其精確性，圖書館員作為人類探究真理的守護者的角色變得更加重要了。令人感嘆的是，比起人類在全球各地的相處狀況，各種信仰的文化和思想家在圖書館中可以更和諧、更寬容地並肩生活。現代天文學家卡爾．薩根（Carl Sagan）指出：「我們文明的健康狀況、我們對文化基礎的認識深度，以及我們對未來的關注，都可以透過我們對圖書館的支持程度來檢驗。」

當我想到圖書館的存在所帶來的平靜時，我想起最早的圖書館員之一，是一位名叫阿米特·阿努（Amit Anu）的巴比倫人，將近四千年前，他在烏爾皇家圖書館中被稱為「刻寫板守護者」。他是一名抄寫員，也是一位長老。

書籍仍然是必要的，每個保存和關心書籍的人都是「刻寫板守護者」，他們是這項崇高而又隱形的職業的後代，守護人類的知識體系。正如葉慈的警告，如果沒有這樣的監護人，「社會與文化的核心就無法維持。」[3]

書寫一開始是為了表達與整合人類經驗的本質，而圖書館一開始則是為了連結這些經驗並保存這種本質。

可以思索的問題

- 在日記中，與想象中的古代圖書館員進行對話，講述該圖書館中最珍貴的書籍的故事，以及該圖書館是如何形成的。
- 在與朋友或所愛的人談話時，講述一位你所讚賞、熱愛書籍的人的故事，以及你是如何知道的。他們熱愛書籍的原因是什麼？
- 在日記中，描述一次你透過一本書打開了新世界的大門。你是怎麼遇到這本書的？這次的學習之旅如何改變了你？

4 真誠的課堂

探究真理的神聖性有著悠久的歷史，可以在佛陀、孔子、耶穌和蘇格拉底的古老聚會中找到，也可以在佩瑪．丘卓①、傑克．康菲爾德②、塔拉．布萊克③和瓊恩．荷里法斯④的現代課堂中找到。所有偉大教導的核心在於，我們透過探究事物的本質，以及彼此的本質來學習，最後，透過探究我們與整體的關係來學習。

法國哲學家拉伯雷（François Rabelais）說：「孩子是需要被點燃的火，而不是需要被填裝的花瓶。」其中的前提是，我們每個人一開始都是完整的，我們只需要點燃那條象徵內在完整性的燈絲。

威廉．布萊克有一句諺語寫道：「通往進步的道路是筆直的，通往天才的道路是彎曲的。」[1]

雖然修正路線可以幫助我們更能駕馭世界，但那些意想不到的曲折、無法預期的探索，正是激發我

①譯者註：Pema Chodron，北美第一座藏密修道院院長。
②譯者註：Jack Kornfield，美國佛教徒、正念大師。
③譯者註：Tara Brach，心理學家、正念老師。
④譯者註：Joan Halifax，人類學家、佛教禪師。

們、並帶領我們進入開悟時刻的關鍵。真正的智慧超越所有的計畫。

同樣的，在真誠的課堂上也會發現超越所有預設的智慧。那些除了糾正學生之外什麼都不做的老師，自認為知道適合每個人的事，事實上，他們在問題被提出之前就已經有了答案。這樣的老師，這樣的花瓶填充者，已經知道目的地了。而鼓勵發現的老師自己也在旅途中。這位老師願意向學生學習，因此不會排除任何可能性。

探究真理的基礎，就是要平等對待眼前的每一件事和每一個人。如果要在課堂上實現真正的學習，這種對平等的承諾是任何課堂的基礎。謙虛、心胸開闊的教師可以像同儕一樣尊重學生。這樣的環境創造了一個安全的空間，讓學生可以自由提問和冒險嘗試。

為了做到這一點，課堂需要成為一個無條件的論壇。這意謂著，不應該用對錯來衡量每個人提出的感受與觀點。然而，無條件的接納並不排除回饋或批評，但應將注意力集中於評估每個人在課堂上付出的努力的準確性，而非所提出的觀點的對錯。善意和真誠，無條件和建設性，並非互相排斥，但需要每個參與者的用心和同理心。

然而，一個真誠的課堂如何保持其安全性和完整性呢？這取決於老師的誠信和同理心，因為他是教室裡提出最多問題並承擔最多風險的人。一個教育環境的真誠性，取決於引導它的教師有多真誠，只有當教師是真誠的，這個環境才會是真實的，並且當教師願意被改變時，這個環境才具有改變的力量。

真正的教學不僅僅是知識的保存和傳授，還需要教學者的素養。為了培育學生發現事物完整性的能力，無論是透過物理學或藝術史，教學者必須投入全然的人性，才能釋放其教導的學科固有的深刻含意。

一位心胸開闊的老師需要完全投入並且願意展現自己的脆弱。當我在努力完成這項偉大的任務時，我被布朗森．愛爾考特⑤的勇氣所鼓舞，他說：

> 真正的老師會保護學生不受他的影響，並激發學生的自信心，引導學生的目光從他身上轉向能激勵學生的精神力量上。真正的老師不會有自己的門徒。

我們終究只能將學生視為完整的個體來教導他。然而，經過幾個世紀的知識化和專業化，我們培養出新一代的教育工作者，他們堅持認為，自己只是受雇來指導學生的頭腦。有些教授甚至在開課第一天就宣稱，學生應該把生活的其他部分留在教室外。不僅不尊重學生，而且會導致教育的失敗。這種只教學業，不重視其他方面的教育，是行不通的。

想像一下，我們可以提供的最了不起的知識或智慧實例，結晶成一滴彩色的茶，並想像我們面

⑤譯者註：Bronson Alcott，美國十八世紀哲學家、教育家。

前的每個學生都是一杯清水。當我們有機會將這一滴知識放入學生的頭腦中時，它就會美妙地滲透到學生的整個存在之中。你不能只分離出最上面一吋的水，因為最小的水滴都會被整杯水吸收。你不能只教導學生的頭腦，因為無論你提供什麼，都會滲透到坐在你面前的整個存在之中。

一旦學生被激勵，教育的形勢就轉變為對話。只有透過內在到外在的運用，我們才能在宇宙中找到自己的位置。只有透過表達和真誠的對話，我們才能發現什麼是真實的、有用的。

更廣泛地說，鼓勵學生勇於表達對我們的文化至關重要，因為我們現在正普遍遭遇壓抑表達的問題。治癒這種社會裂痕的方法，是向孩子灌輸對表達的深刻尊重。然後，隨著時間的流逝，內在和外在之間的文化鴻溝，以及自我和他人之間的分裂，將在整個社會中縮小，這樣一來，在別人面前說出我們的想法和感覺，就不會變成一件想要避免的事件。

如今，知識的傳授常常沒有考慮到接收者的整體情況。而當學生接受了知識後，通常也很少有機會採用與實際生活相關的方式，來表達和討論這些知識。

事實上，如果我們所教的內容不能追溯到內在的需求或意義，那麼它在我們課程中的地位就應該受到質疑。而最偉大的老師也會推辭別人將自己視為偉大老師的地位，並認為每個人都可以觸及到生命的廣大。他們懷著堅定的善意，將杯子送到學生的嘴邊，然後向學生展示，如何在找到自己的水源時製作自己的杯子。

> 真誠的課堂取決於老師的誠信和同理心，因為他是教室裡提出最多問題並承擔最多風險的人。

可以思索的問題

- 法國哲學家拉伯雷說：「孩子是要被點燃的火，而不是要被裝滿的花瓶。」在日記中，討論老師試圖像填滿花瓶一樣填塞你的經驗，還有老師試圖像點火一樣點燃你的經驗。你與這些老師的關係如何？
- 在與朋友或所愛的人談話時，交流一位老師的故事，這位老師歡迎全部的你進入他的教室。這如何影響你看待世界的方式？

5 在恐懼與歡迎之間

不知道為什麼，每一代人都被召喚，以充滿活力的關懷，來作為確保世界延續的方式。正如所有植物都依賴每年春天發生的數千次授粉一樣，生命也有賴我們每個人以千百種方式面對挑戰，並發揮潛能得以延續。我們不是要修復世界，而是要安住其中。這一切都要從具備誠實和真摯的勇氣開始。因為這些努力，無論多不完美，都會讓我們回歸到我們的本性。

正如馬口渴時會到距離最近的溪流喝水一樣，我們每個人生來就渴望光之河，無論它出現在哪裡。儘管這種對完整性的渴望與生俱來，但直接從生活中汲取這種力量是需要勇氣的。榮格學派心理學家詹姆斯．希爾曼（James Hillman）在他開創性的著作《靈魂密碼》（*The Soul's Code*）一書中，表達了他的「靈魂的橡實理論」，他說，就像成熟的橡樹等待從橡實發芽、成長一樣，我們靈魂的潛能與創造力，也在我們出生的那一刻開始，從我們內心的精神種子中萌芽並等待成長。

我們的心靈以非常個人的方式將我們與生俱來的潛能和創造力帶入世界，這就是我們靈魂的旅程。因此，我們個人靈性修練的一個重要部分，就是密切關注我們靈魂的旅程，學習如何傾聽它。你該如何生活，如何選擇你的道路，才能將靈魂帶入這個世界，讓潛能與創造力得以發揮？

當我們能夠臨在並與他人保持關係時，我們轉變和成長的能力就會不斷發展。我們心靈的連結範圍也會不斷加深、不斷擴大。隨著時間的推移，我們發現，消除恐懼和厭世思維的長期解藥，就是承諾全心全意地投入，以及運用我們的天賦。事實上，如果有另一個世界，那就是這個因我們的關懷而充滿活力的世界——因為恢復我們在這個世界上深刻、堅定的臨在，通常會帶給我們新的眼光。這種經過淨化的新眼光，常常能讓我們正確地衡量眼前的問題，並幫助我們找到阻止問題惡化的方法。

想想幾百萬年前，一種烏鴉大小的小型羽毛生物，當時還只是一隻虛弱的滑翔者，是如何讓自己高高地待在一棵樹，然後滑翔到另一棵樹。這就是飛行的開始。如今，北極燕鷗在遷徙時，可以從格陵蘭島飛行四萬四千英里，抵達南極洲的溫德爾海（Wendell Sea）。幾百萬年前，小型靈長類動物失去了抓住樹枝的能力，開始直立行走。幾千年後，當我們開始互相接觸，產生人際連結時，就刺激大腦開始編織它的神經網路。

這一切都證明，即使我們失敗了，我們所付出的努力最後可能會揭開一種新的存在於世界的方式。當我們不再執著時，我們可能開始飛翔，得到自由與成長。那個被我們稱為心的關懷所在不斷進化，這有什麼奇怪的嗎？澳洲的某個小女孩可以把手伸進水裡，然後感覺到太陽在世界的某個地方的小溪升起。在那裡，有個老婦人低頭想著世界各地正在成長的孩子，這有什麼奇怪的嗎？

因此，我們可以說，信仰超越任何教條或傳統，本質上是我們對所有生命的固有連結的信念。我們也可以說，無論發生什麼，信仰都是我們與生命的盟約。我們相信，我們是比我們更偉大的事物的一部分。我們承諾，讓所有比我們偉大的事物成為我們的老師。光與植物和花朵的關係，就像信仰與人類靈魂的關係。它是促使我們成長的因素，也是我們成長的方向。儘管我們總是在恐懼和接納之間徘徊，但我們也不斷面臨共同生活的挑戰。

想像一顆種子在土壤中朝著它還看不見的光生長。正是以這樣的方式，愛和痛苦使我們破土而出、開花。我們透過依心而行、真誠、善良，來開創人生。這種激勵、這種破土而出、這種開花，就是我們的蛻變。在我們充滿信仰時，也就是充滿我們對生命的信念，我們就展現出那股將我們連結在一起的力量。這個力量有很多名字。有人稱為上帝。有人稱為阿拉。有人稱為聖靈（Holy Ghost）。有人稱為耶和華。有人稱為集體無意識。有人稱為阿特曼①。有人稱為一體。有人稱為大靈②。有人稱為自然。有些人稱為生命力。不管以任何名字命名，我都歡迎它。它已經拯救了我。

如果有另一個世界，那就是這個因我們的關懷而充滿活力的世界。

可以思索的問題

- 在日記中，描述你與生俱來的表達力和創造力，以及它透過你向世界展現的各種方式。現在它想以什麼方式表達自己？
- 在與朋友或所愛的人談話時，描述你對自己的靈魂之旅的感受。

---

①譯者註：Atman，梵語，指靈魂。
②譯者註：Great Spirit，印地安部落的概念。

6 讚賞

悲觀的解藥就是讚賞。這聽起來很簡單，但與其專注在缺少什麼，不如肯定已經擁有的事物。過著充滿讚賞的生活，就是去發現和欣賞生活中的美好，並且透過愛與關注，弄清楚這些美好的事物是如何運作的，這樣我們就能將它們應用到生活的各方面。透過讚賞，我們就可以像光驅散黑暗一樣，解決生活中的缺失。

讚賞（admire）這個詞在十六世紀末開始普遍使用，源自拉丁文*admirari*，意為「驚奇」、「驚奇地注視」。「驚奇地注視」是什麼意思？讚賞某個人或某個事物是什麼意思？讚賞如何發揮作用？被人讚賞對我們有什麼影響？讚賞別人對我們有什麼影響？

驚奇的概念可以追溯到古英語單字*wundor*，意思是「奇妙的事物、奇蹟或令人驚訝的物體」。當我們讚賞某人或某物時，我們會完全臣服於在那裡發現的生命力之中，因而對眼前事物的本質感到驚嘆。因為無論是在哪裡找到，讚賞那些不變和基本的事物都會讓我們充滿活力。

讚賞是一種強大的資源，當我們讚賞某人或某物時，如果我們的心夠開放，我們就會發現自己身上也有這些特質。然後，我們的工作就是與這些特質保持對話，了解如何澆灌和滋養它們。我們的工作就是讓這些令人讚賞的特質在我們內心增長，並在這個世界展現。

我之前提過，「尊重」的意思是「再看一遍」。因此，透過一次又一次地注視我們所讚賞的事物，我們將尊重作為理解我們所讚賞的事物的方式，以及我們如何以類似的方式發展這些特質。

當我們不以驚奇的眼光注視眼前的事物，也不努力發現自己身上值得欽佩的特質時，我們就會失去對周遭和我們內在生命的尊重。然後，我們可能會陷入匱乏的陷阱。由於無法看到我們所讚賞的事物就在自己的生活中的可能性，我們可能會嫉妒我們所看到的事物。作為一個在地球上有肉身的靈魂，如果無法確立自己的價值，我們可能會陷入嫉妒的泥淖，當我們看到別人擁有我們缺乏的特質時，我們會感到非常痛苦，痛苦到想要奪走別人的天賦。這種遠離自身潛能的黑暗螺旋，是陰暗而危險的。

那麼，「驚奇地注視」是什麼意思呢？這意謂著，我們接受眼前的生命，認為它本身就圓滿了。當我們帶著驚奇的眼光注視時，無論注視的是什麼，也許是蝴蝶、波浪或熟睡孩子的溫柔，我們都會看到與生俱來的自然合一性。從本質上來說，生命力從宇宙的每個部分散發出來，如果我們敞開心扉，每個部分都將反映我們自己內在圓滿的可能性。雖然我不能像蝴蝶一樣飛翔，但我可以轉而想起，在所有困境之下的輕鬆感。雖然我不能像波浪一樣存在，但我可以轉而想起自己的韌性，無論我被召喚去面對什麼，這種韌性都會反覆湧起、達到頂峰，然後消散。雖然我無法恢復到孩子熟睡時的純真，但我可以轉而想起活著的每一刻是多麼難得。

那麼，讚賞某人或某物意謂著什麼？這意謂著，我們認出眼前事物的內在天賦。雖然我讚賞里爾克作品的深度，但我不想成為他；相反的，我受到激勵並在自己的深度悠游。雖然我讚賞史丹利．庫尼茲（Stanley Kunitz）的誠實，但我不想成為他；相反的，我受到激勵並發現自己的誠實。雖然我讚賞詩人聶魯達的慈悲，但我不想成為他；相反的，我受到激勵並擴展自己的慈悲風格和想像力。

得到讚賞和我們有什麼關係？就像光讓接觸到它的事物綻放與成長，接收到讚賞的那一部分生命會進一步綻放與成長，以被看見與肯定。當你肯定朋友毫不分心的傾聽能力時，你就增強了他們傾聽的天賦，使他們能夠成長，就像玫瑰在陽光下綻放一樣。

讚賞別人和我們有什麼關係？我們會反過來朝著自己所讚賞的事物學習並成長，同時強化我們自己的這些特質。當我讚賞馬匹四蹄離地、馳騁大地時，這增強了我全心全意的能力，即使是短暫的。當我讚賞我們養的狗能毫不猶豫地去愛時，這讓我學習更可能毫無保留地去對待一切事物。當我讚賞水可以反射世間事物，而不失去任何本質時，這增強了我最深層的自我意識，使我更能完全地投入這個世界。

所以，我邀請你學習讚賞的方法。你會驚奇地注視什麼呢？在你周圍生機盎然的人、動物和自然界的各個層面，你特別讚賞什麼？這些特定的才能反映了你充分生活的哪些可能性？為了更了解你內在還在休眠的天賦種子，你可以採取哪些行動？

練習請求他人分享，自己也講述關於讚賞的故事。告訴你讚賞的人，你驚訝地注視著他們的哪些方面，也把這些故事告訴那些還不認識他們的人。如此一來，讚賞的故事便得以傳播和發展。因為用驚奇的眼光注視生活，是靈性在所有生物之間蔓延的療癒之道。這引導我們邁向一種生活：讓一個人的關懷激勵另一個人的關懷，而且跨越時空，把我們結合在一起。

關懷轉化關懷

一六八九年，在日本，有位仁慈的農民送給迷路的詩人芭蕉一匹識路的馬。一九一〇年，在美國，當泰德．肖恩（Ted Shawn）癱瘓時，他的好友把楞杖放在他搆不到的地方，而且把早餐放在桌子上，後來肖恩成為一名舞者。一九三八年，在巴黎，姜戈．萊因哈特的兄弟在他的病床邊留下一把吉他，因為他知道，這位嚴重燒傷的天才已經無法再演奏班鳩琴。當莫內在八十二歲雙眼患有白內障時，他不知何故知道要繼續畫他所看到的，這使他畫出了精湛的《睡蓮》。即使是哥斯大黎加的切葉蟻，也會揹著另一隻螞蟻移動數英里。這些例子證明，所有生物都有一種永恆的衝動，迫使我們在現狀中採取行動，讓事情發生新的可能。從一種生物到另一種生物，從這一代到另一代，這種關懷讓生命得以不斷延續。這一份關懷把各個時代的所有人連結在一起。因此，農民將馬的韁繩交到芭蕉的手上，這份關懷在舞者的朋友身上得到了延續，因為他把楞杖放在舞者手搆不到的地方，然後延續到姜戈的兄弟把吉他放在姜戈的床邊。這些關懷的動作，都是永不停止的舉動的一部分，它等著我們每一個人把生命連結在一起。這一切會讓你在經過一隻走在馬路中間的烏龜時，大喊：「停下來！」因為你被一股從內心深處生起、延續了幾個世紀的衝動驅使，下車把烏龜放到路邊。

當我們讚賞某人或某物時，如果我們的心夠開放，我們就會發現自己身上也有這些特質。

可以思索的問題

- 在日記中，寫下你讚賞的兩種人，一種是因為他們為他人所做的事，另一種是因為他們的誠實和正直。並討論你仰慕這些人的原因。
- 與你讚賞的人交談時，詢問他們如何成為現在的樣子。他們最了不起的天賦是什麼，又是如何學習運用這些天賦的？他們過去或現在最大的障礙是什麼？他們過去或現在最偉大的老師是誰？

7 在一切之中

在所有寫作的嘗試中，一個令人感到謙卑的祕密是，文字就像你從洞裡挖出來的土。就像你站在那裡因挖掘而滿身大汗時，周圍卻堆了一大堆的土。但最重要的是留下的洞口，它不斷地吸引你進一步投入。

從這個深度來看，我可以說，如果這本書有一個核心任務的話，那就是專心投入收集關於心靈如何運作的知識。我相信，透過不斷的修練，你的心將成為你的老師。我相信，如果我們與自己的心保持連結，它將引導我們到達所有風暴的中心，並將我們與宇宙連結起來。那麼，我們的任務就是保持真實、開放和坦率。這些承諾將使心靈成為導管，可以為我們注入生命的資源。

儘管如此，沒有人能夠避開通往真實自我的旅程。年輕時，我忙於取悅別人，以至於向世界隱藏了一部分的自己。很快的，我就被別人的需要所定義，如果他們著火了，我會像水一樣撲向他們。如果他們像樹木的根一樣緩慢生長，我會像土壤一樣把自己包裹在他們周圍。如果他們流血了，我會像繃帶一樣吸乾他們的傷口。可悲的是，我只能是殘缺的東西。我不知道自己是誰，也不知道去哪裡找到自己。

我在別人面前是如此的迷失，導致我暗自走向了另一條路，用我的前半生試圖透過我與他人的不同之處來定義我是誰，最後才發現，我真正是誰，是由我與所有生物的共同點來定義的。一直以來，我都在愛與真實的旅程中跌跌撞撞，這讓我明白了活著的意義。

永恆的真相是，雖然我們可以向他人學習，但沒有人能教我們如何做人，或如何以慈悲接納彼此。在這方面，大愛和大慟一直是老師。所有的靈性傳統都提供了各種方法來幫助我們減少對生命的抗拒。然而，無論我們是否向靈性傳統學習，每個人都被賦予機會深入了解生命。但我們常常抗拒這一點，並與生命對抗。為了充分體驗我們生而為人的奇蹟，我們必須放下這種抗爭。

我們每個人面臨的挑戰是，以開放的心態超越我們與生命的對抗，並且毫無偏好地面對困境和提供幫助。因為，在我們所有的抗拒之下，生而為人的奧祕就是，世界上所有的智慧都無法減輕我們生活的重擔，只能在我們的生命之旅中給予支持。而且，雖然最深層的任務是內在和個人的，但我們並不孤單。

來自印度的年輕母親阿瓦．庫特布丁（Arwa Qutbuddin）曾說：「重要的是，我們要在一個因缺乏仁慈而受到傷害的世界裡，教導我們的孩子仁慈。」[1]這是每個生命、每個家庭、每個種族、每個世代長期面臨的奮鬥：如何勇敢和充滿愛心，以重新喚起我們在這個掙扎著不被恐懼吞噬的世界中所缺乏的善意。現在輪到我們了。愛的未來取決於那些在痛苦中仍能見證靈魂深處的溫柔和誠實的人。這就是我們需要的深層療癒。

如果地獄是象徵持續痛苦而從未感到完整，那麼天堂就是象徵去除那些阻礙我們完全活著的錯誤，或狹隘的想法和感受。心是一座看不見的橋梁，為我們提供了這趟朝聖之旅。如果受到祝福，我們的心靈任務每天都會以某種微小的方式，引導我們從地獄走向天堂。如果我能帶你去那裡，我會的。但我也仍然在摸索這條道路。

在完全脫離用文字挖掘我的道路之前，再次為你獻上這首小詩，祝福你一生都能聆聽內心的指引：

在一切之中

繼續嘗試隱藏，
最後你會變成一面牆。

繼續努力去愛，
最後你就會成為愛。

我們在地球上的旅程就是要停止隱藏，
這樣我們才能成為愛。

其他一切都是
誘惑和干擾。
勇敢就是保持真實。

如果地獄是象徵持續痛苦而從未感到完整，那麼天堂就是象徵去除那些阻礙我們完全活著的錯誤，或狹隘的想法和感受。

可以思索的問題——

- 在日記中，描述你與生命的對抗，以及你在過程中感受。
- 在與朋友或所愛的人談話時，每個人討論自己在試圖隱藏和試圖去愛之間的掙扎。

第八章　心，仍然是我們的老師

心的空間有如浩瀚的宇宙。天與地在那裡，日月星辰也在那裡。火焰、閃電與風在那裡，當下存在與不存在的一切也在那裡。

——斯瓦米．帕拉瓦南達（Swami Prabhavananda）1

忠於來自我們內心的光，以及在我們之間生長的光。還有什麼比這更重要的？只有這種熱忱，能如此持久地帶給我們自由和力量。

——馬克．尼波

最後這一章探討的內容將幫助我們：

- 更安住在讓我們穩定的力量，而非激發、煽動我們的力量。
- 臣服於那個經過磨練後的平靜內心，這個平靜內心在所有風暴的核心等待著我們。

生活永遠不會停止前進，當一切都行不通時，心仍然是我們的老師。一旦我們放下偽裝，我們所有的努力會繼續發現更深刻的生命意義。這需要每天保持警惕，透過專注於日常生活中的祝福來打開心靈的小天地。這樣，我們就有機會不斷地回到我們最大的歸屬——生命。這樣，我們就有機會在苦難中彼此相愛。這樣，我們就有了一個光榮的機會，去重新發現隱藏在一切事物中的真理。本章試圖帶你回到現實世界，希望我們在這些篇幅中探討的所有內容能讓你充滿力量，無論發生什麼風暴都能安然度過。透過熱愛一切的勇氣，願我們都能得到更多的祝福。

1 迎向更美好的生命

我偶然接觸到了《藏傳佛教口傳密宗》（*The Secret Oral Teaching in Tibetan Buddhist Sects*）這本書。[1]在書中，做出了引人深思的區別：

藏傳佛教密宗中最引人注目的教義是關於「超越」。這個教義是基於般若波羅蜜多（Prajna Paramita）的概念。藏人賦予「般若波羅蜜多」一詞的意義，與印度作家及其西方譯者所賦予的涵義截然不同。根據後者的說法，般若波羅蜜多的意思是「殊勝智慧，最好的、最高的智慧」，然而藏人將這個概念翻譯為「超越智慧」。[2]

我們如何理解「般若波羅蜜多」的意義，會對我們如何過生活產生重大的影響。因為「殊勝智慧，最好的、最高的智慧」，意謂著一種我們渴望達到或實現的知識狀態。這比較符合希臘人對完美的理解。但是，一種我們要「超越」的智慧，意謂著智慧本身就是一道門檻，我們被要求跨越它以進入更深刻的生命經驗。它意謂著，安住於智慧中會帶來更生氣盎然的體驗，這種體驗超越了知識所能提供的可能性。

無論我們獲得什麼或經歷什麼，這都會改變一切。想想藏人視為神聖的美德。其中幾項美德包括：仁慈、耐心、精進或努力、靜心或專注，以及超然的智慧。與其將這些永無止境的修練視為必須具備的品格，不如將其視為需要經歷的學習過程。

當我們將這些美德列成道德清單時，我們就想要努力達到品格的巔峰，但那是無法維持的。然而，當我們能夠將這些美德內化時，它們就會成為更深層次的入口，讓我們得以進入更令人振奮的一體性、和諧或合一的體驗。

這呈現了兩種截然不同的學習方法：我們是要努力到達？還是超越？追求完美的「努力」喚起一種持久的學習意識，讓我們渴望達到某種理想的行為標準；但「超越」喚起的是一種轉化的學習意識，要求我們透過不斷跨越新的境界，來達到更完整的生活。

美德的常見定義是表現出高道德標準的行為，這一點是令人讚賞且重要的。然而，如果沒有下定決心要不斷成長得更深刻、更真實、更徹底，這種對美德的常見定義就可能會成為我們永遠無法攀登的階梯，我們只是固執地以此來判斷自己和他人總是達不到要求。

但是，如果為我們的決心提供更大的脈絡，美德就具有更持久的意義。之前提過，羅馬哲學家普羅提諾把美德定義為：「美德是我們走向合一的傾向。」此外，完全、完整（integrity）一詞來自拉丁文，意思是「使之完整」（to make whole）。在這個更大的脈絡下，美德更像是一種與生命力量一致的體現，而不是一種道德正確，只是約定俗成的行為。

當我與兩位親愛的朋友喬治（George）和唐（Don）進行廣泛的討論時，關於美德的話題又再次出現。我們都是老師。我主持討論如何過真實生活的心靈成長團體，喬治教太極拳，唐教水彩畫。某年二月初的一個星期六下午，我們三個人聚在一起，唐突然問：「創作對你來說意謂著什麼？」我們很快就同意，在任何建築或修復的藝術或行為中，強烈的創作意識會聚焦在各個部分如何共同創造出一個更加自由和包容的整體。這個問題一直縈繞在我心頭，當天稍晚的時候，我開始構思兩場對話，一場是關於美德，一場是關於創作。

身為試圖充分利用心靈的個體靈魂，身為終生學習以不斷獲得洞見的老師，我所有的工作都是基於一個變革性的誓願：透過經驗和超越來學習。因此，無論我是在設計一個週末的僻靜營，還是為期一年的旅行，還是構思一本書的開篇章節，對我來說，創作的開端都是致力於辨識出那些能引領我們進入人性深度和生命連結的入口。透過這些入口，我們可以進入生命的本質與合一性。然後，我自己也會進入這些入口，從中尋找能促進內省與對話的問題，這些問題可以幫助我們在日常生活中發現並整合合一性的各個面向。

然而，我們如何在日常生活中發現「超越」的意義呢？我發現，從臨在、意義和關係入手，是修練美德和誠信的一種有效方法。既然「教育」這個詞的意思是「引出、喚起已經存在的事物」，也許我們每一天的生活就是一種自我教育的過程：透過生命歷練喚起我們內心已經存在的事物——臨在、意義、關係——直到我們發現世界就在我們之中，我們的本質就在世界之中。

這就是聖方濟（St. Francis）如何與鳥兒對話、與狼同行，也是莫內如何描繪光線與水面對話的方式；以及貝多芬如何在不可挽回的靜默世界中，揭示出的既宏偉又和諧的浪潮，他後來將其命名為《第九號交響曲》（*Ninth Symphony*）。

我不斷回顧偉大的社會學家伊凡．伊里奇①對心靈接待的定義——幫助他人跨越心靈門檻的努力。我很高興地承認，我所有的寫作和教學一直都是，也將繼續努力從事心靈接待。

如果我們要在地球上實踐靈魂的使命，最深刻和最具啟發性的心靈教育形式並不是累積知識，而是持續深化我們認知的能力。而最持久且內在而實用的教育形式，則是持續地幫助彼此跨越一個又一個門檻。

> 智慧本身就是一道門檻，我們被要求跨越它以進入更深刻的生命經驗。

可以思索的問題

- 在日記中，描述幫助你更能運用天賦的經歷。這段經歷中，你的內心有什麼更深層次的認知被喚醒？這種新發現如何幫助你能更充分地發揮天賦？

---

① 譯者註：Ivan Illich，二十世紀的奧地利克羅埃西亞裔哲學家、羅馬天主教神父。他曾大力抨擊現代西方文化制度，包括當代教育、醫療、工作、能源使用、交通和經濟發展等各方面。

2 傾斜另一隻翅膀

有一隻非常大的鳥，在湍急的河流上空滑翔，然後發現一個又小又黑的東西在下方急速奔跑。這隻鳥的翅膀一斜，就俯衝而下，卻發現那個到處竄來竄去的東西是自己的影子。於是藉著另一隻翅膀的翼尖輕輕一斜，再次升上了天空。這種轉瞬即逝、無人察覺的時刻，就是人類旅程的十字路口。因為我們嘗試捕捉自己的影子，卻沒有意識到這是所有成癮症狀的根源。而傾斜另一隻翅膀，則是所有轉變的關鍵。

「傾斜另一隻翅膀」有什麼含意？它指的是透過得來不易的智慧，能看到事物的本來面目，並及時接受真相，以拯救自己。它意謂著不要透過扭曲事實來加深我們的誤解。它意謂著我們必須記住，跌倒的另一層意義是承認自己的錯誤。它意謂著不要堅持使用已被證明是錯誤的地圖，繼續走錯誤的道路。

傾斜另一隻翅膀，意謂著放棄受害者、評判者和救援者等人生定位；意謂著用真相洗滌我們的雙眼，用愛潔淨我們的心靈。每一天，我們之中的某個人會看到黑影在下方移動，然後他會往下俯衝，以為捕捉黑影能餵養自己不向任何人展示的痛苦。但是，最能癱瘓我們意志的時刻，就是試圖追上我們所追逐的黑影，因為吃掉自己的陰影，會使我們成為追逐的俘虜，陷入更深的痛苦。一旦停止追逐，我們就可以感激這一切。如同腿受傷的朝聖者，在山頂看著眼前的壯麗景色仍然心懷感激一樣。

那麼，「吃掉自己的陰影」意謂著什麼？當我們困在自己的創傷和迷茫之中，就無法超越自己的痛苦和恐懼來看待事情。當我們陷入這樣的困境時，就會像銜尾蛇（Uroboros）一樣，永遠在吃自己的尾巴。然而，當我們被偉大的愛或巨大的痛苦所洗滌時，我們就可以擺脫這個痛苦的循環。

像這樣，意識在混亂與清晰之間來回波動，會令人知道自身的脆弱而感到謙卑，而這也是身為人不可避免的一部分。所以，在這個紛紛擾擾的時代，我們的內在健康很大程度上取決於，當我們被心理和情緒的迷茫所阻礙時，有恢復覺知的勇氣。例如，在缺乏自我價值與認同感時，會讓人把每一句評論都解讀為輕視；或者在恐懼不斷出現時，會讓人把每一個靠近的生命跡象視為威脅；或者在經歷感情的創傷後，會讓人不相信所有善意的行為。在追逐這些陰影時，我們可能會被誤導數月甚至數年。我們可能受困於一個夢想、一個創傷，或是一個未能實現或傷害了我們的願望。如果我們仍然沒有覺察，則這些混亂就永遠不會得到導正，這些未經處理的思想與情緒的壓力，就會主宰我們的性格，甚至成為一種生活方式。例如，我可能成為一個凡事懷疑的人，不信任生命，或不斷需要別人的關注和認可。

但誠實的自我覺察的力量隨時都可以取用，讓我們可以擺脫困擾著我們的恍惚狀態。如果我感到自己的能力不足，而且沒有覺察到這個想法一直導致我內心痛苦，我就會不斷尋求周圍每個人的認可，直到這種行為扼殺了人際關係，甚至使自己變得更孤立。然而，透過誠實的自我覺察，我可以接受這種不足感，並直接解決我內在的匱乏。這就是傾斜另一隻翅膀不追求自己的黑影，總是能引領我們走向療癒。

在很多時候，恍惚狀態似乎會讓我們重溫心中的痛苦，但真正的成長是逐漸拓展自我覺察，並讓我們恢復全然活著的感覺。因此，當我在追逐微不足道的價值感，或發現自己陷入相互依賴的循環時，我可以意識到正在發生的事，並對自己說：「哦，我知道這是怎麼一回事。我以前也發生過這種狀況。」然後，我們就可以傾斜另一隻翅膀，並導正航向。

事實上，我認為我們永遠無法完全擺脫未經處理的思想和情緒的負擔和壓力。但是，誠實而徹底的自我覺察，才能減少我們處在難熬的恍惚狀態中的時間。我後來逐漸明白，保持清醒就意謂著我們能夠更加迅速地意識到正在發生的事情，而不是被困住並因此受損。然後，就像一個絆了一下但繼續跳舞的舞者，恍惚狀態只是我們融入生命之舞的一個失誤，我們跳躍、跌倒、整合失誤帶來的啟發，然後繼續跳舞！

歸根究柢，從自我的幻象中解脫出來的修練，就是內在的取捨過程，透過這個修練，我們可以意識到我們所處的恍惚狀態——無論那是什麼。這種認識讓我們能夠直接去體驗未經過濾的生活。這是一個永無止境的過程。所以，自我覺察並不是我們要達到的一種狀態，而是參與我們內在與周圍之光的週期變化，這種參與能讓生命在許多時刻變得清晰，而且可以承受。自我覺察是意識的持續展開，就像日出和日落一樣，在我們的生命風景中規律地出現和消失。

> 跌倒的另一層意義是承認自己的錯誤。

可以思索的問題

- 在日記中，描述一種困擾你並誤導你的恍惚狀態。可能是父母或伴侶強加給你的思考方式或感受。可能是一種覺得自己是受害者、評判者或救援者的感覺。也可能是你對自我價值的看法，或一個未曾實現的夢想，它們在你心中揮之不去。描述一下將你困在其中的「吃掉自己的陰影」的力量，在這種心情的影響中，為你帶來什麼狀況？然後，描述釋放你的「傾斜另一隻翅膀」的力量，你如何從這種心情的影響中解脫出來，並帶你回到生活的直接體驗。
- 在與朋友或所愛的人談話時，討論你處理某一種困擾著你的心理或情緒狀態的經驗。隨著時間的日積月累，這種狀態或心情的模式發生了什麼樣的變化？你對這種狀態或心情的自我覺察，以及從中解脫的過程，隨著時間的推移又發生了哪些變化？

3 回到當下

我想慢慢學會把那些必要的事物看作美好的……然後我將成為讓事物變美好的人之一。

——尼采

尼采在晚年提出的這一觀點，也許可以成為我們這個時代的讚美詩。因為我們面臨著讓必要的事物變美好的挑戰。例如，在新冠疫情大流行期間，我們被要求每天洗手很多次。在這樣做的同時，我想到，我們也可以每天洗滌我們的頭腦和心靈。如此一來，當恐懼和憂慮困擾我們時，我們就可以回到那些真正重要的事情上。如此一來，我們就可以在表面世界的複雜情況下，找到生命的意義。如此一來，我們就能回到當下，而不是沉溺於對未來的夢想或恐懼，以及過去已經發生的事件中。

在進行洗滌我們的頭腦和心靈的過程中，我們被要求善用靜定、正念和全神貫注，以幫助我們重新感受到如新生兒般的清新，這樣我們就可以用全新的角度看待和感受事物。傾聽、關懷和付出，也可以清理我們的視角，讓我們回到真正重要的事情上。這就是回到當下的意義：移除所有的阻礙，讓我們再次直接認識生命。這種存在與感知的新鮮感並不能解決所有的問題，但能讓我們觸及存在於困難之下的內在力量。

但是，活在當下並不意味著我們只應該關注自己的處境。這只是自我覺察的起點。因為活在當下是一種修練，練習讓我們隨時進入那個永恆無間斷、無處不在的當下。透過完全投入我面前的事物，中間沒有任何阻礙，我就跨越了臨在的門檻，讓我接收到同時發生在各處的許多生命片刻。

這就是為什麼當我在受苦時，我可以突然覺知到，在地球的另一邊，有一個孩子剛剛出生。如果我只想到這一點，我可能無法理解這麼多不同的經歷，或是找到它們的共同來源。但是，當我全然專注於眼前的事物時，我可以透過我所處的當下，進入那永恆無間斷的時刻。然後，我能感受到那個新生兒的生命力向我的痛苦湧來，就像水填滿每一個空隙一樣。

我們內在的幸福取決於我們不斷地意識到，生命不僅僅是發生在我們身上的事情。正如一個細胞讓我們了解所有細胞的本質一樣，完全投入的當下能讓我們體驗無處不在的生命。而清理我們心靈中的雜念，可以讓我們體驗在萬物之間的治癒性連結。

基本上，每一個當下都是我們的修練場，我們透過移除過程中遇到的障礙，而重新充滿活力。因此，請將每一個當下視為進入更豐富的生命體驗的入口。把完全處於當下視為每個人都要經歷的啟蒙，才能感受到在我們與他人之間、與每個生物之間、與構成地球的景觀之間、與創造生命的元素之間，以及與維持一切生命的無形力量之間的生命流動。

因為活在當下是一種修練，練習讓我們隨時進入那個永恆無間斷、無處不在的當下。

可以思索的問題

- 先進行冥想，完全進入你所處的時刻。首先，感受你附近的一切，從桌子上的灰塵到窗外的樹枝。然後，感受此時此刻你內心的感覺：你感到平靜、激動、溫柔的部分。現在，在你的日記中，描述你所在的這一刻，同時在以你為中心點擴散出去的同心圓中發生的眾多生活場景：從隔壁開始，然後在下一條街上，然後在下一個郡、州、全國各地，以及世界各地的許多地方。接收並想像每個環節中的生活場景。最後，描述同時發生的所有這些生活場景如何影響彼此和你。
- 在與朋友或所愛的人談話時，討論一種你可以採取的日常做法，以消除頭腦與心靈的假設和結論。

4 平凡的祝福

在疲憊的那一瞬間，我的頭腦累到無法繼續進行複雜的思考，我的心也累到無法阻擋外界的壓力。在那突如其來的寂靜中，我領悟到，正如平靜無波的水面能夠讓人看到湖底一樣，平凡的祝福在於，任何在寂靜中迎來的瞬間，都會顯露出潛藏在萬物之下的整體生命。

這就是臨在、專注在當下的力量。當完全臨在時，我們可以看穿所有風暴的中心。透過冥想，我們可以透過呼吸回到臨在。透過愛，我們被軟化而回到臨在。透過痛苦，我們被打碎而回到臨在。無論我們如何到達那裡，進入事物的表面之下，可以讓我們回到存在的核心，這個核心維繫著萬物間的連結。當我們完全臨在時，無論時間多麼短暫，我們都會從生命的整體中汲取能量，並得到更新。從深層來說，詩、音樂和各種形式的藝術都是支持生命的，因為它們帶引我們到達這些瞬間。我們需要不斷練習，進入這些時刻，並再次從生命中汲取養分。

事實上，身為詩人，我的生活引領我尋求這些瞬間作為老師。我所有的書寫只不過是與這些瞬間的一次長篇對話，試圖勾勒出其中的教導。而無論我在這過程中偶然獲得了什麼洞見，真正讓我保持活力和清醒的，是從這些瞬間的深處汲取到的力量。

一段誠實而溫柔的關係也會帶領我們走向這些瞬間。「面談」（interview）這個詞來自法語

entrevue，意思是「什麼之間的景象」。所以，真正的對話不是一個人質問另一個人，而是雙方用愛和真誠平息彼此生活中的動盪不安，從而透視事物的本質，在那裡我們可以共同汲取生命的滋養。在這些最脆弱的時刻，我們將生命之杯舉到彼此唇邊。

我們經常在大自然中無意間踏入這些透視的瞬間。我們可能會因為偶然間發現從樹冠灑落的光線，照在我們不知不覺中走過的路徑上而停下腳步。或者因為看到一隻母鹿在小溪裡喝水，而默默地驚嘆這一瞬間。或者當我們將手掌放在一棵千年紅杉的樹幹上時。我們可能會在看著海浪一波波地靠近我們的雙腳時，短暫地放下心中的憂慮。或者，在沿著一條沒有路標的彎曲小路長途跋涉後，透過雲層瞥見地平線時，體會到透視的瞬間。

有一天，我在露天平台上喝咖啡。看著我們的狗躺在草地上打滾，陽光照在她的肚子上，我透過這一幕感受到了連結萬物的一體性的光芒。這帶給我一種莫名的平靜。

這些透視的瞬間揭示了存在的美好，並將一切結合在一起。光常常帶領我們找到它們。幾年前，在紐約，我去拜訪編輯的路上遲到了，這時，陽光透過雜貨店的遮陽棚，照在一隻啄食麵包屑的鴿子脖子上。我停下了腳步。因為光裡有聲音在說：「無論你奔往何處，你要找的就在這裡，就在發光鴿子的脖子裡。你還想去哪裡？」

當這些瞬間出現時，我學會了要更專注在當下。我不會試著弄清楚發生了什麼事，而是試著讓自己的心平靜下來，直到一切都變得清晰，這樣我就能看到萬物的互相連結。在這些專注而寂靜的瞬間，我得到了頓悟：我的內在被照亮了。這種與萬物連結的親密感改變了一切。

畫家總是被吸引去描繪這樣的瞬間。尤其是印象派畫家，他們忍不住被帶到光線所指向的景象。但始終如一的是，這些傳奇的畫作中都有一種光芒，讓我們能夠透過畫面看到更深的意境。所有真正的詩意都在那裡。事實上，所有真實的表達，無論是否寫下來，都會打開那個透視點。當我們向內看的時候，就會幸運地發現，每一個靈魂毫無保留的時候，就是這樣的一個透視的瞬間。為了處在當下，我們需要持續而堅定的勇氣，在任何地方都要做自己，並且熱愛路上的一切。這種內在的勇氣會帶引我們走向平凡的祝福。

所以，當我們遇見彼此，而各自都被煩惱之風攪得心煩意亂時，就要等待我們其中的一個人心思變得澄淨，就像那片平靜無波，短暫露出的湖底水域一樣。聽我說，給我時間，我就會變得清澈。然後，透過關心你、聆聽你的心聲，我也能看穿你的內心。於是，就像幾個世紀以來戀人們和朋友所做的那樣，我們將一起觸及眾生的內心，並感受到某種神聖的力量加入我們。然後，在我們的餘生中，我們將會知道，那無法命名的真實所在，就是我們可以獨自或一起回歸的神聖之地。通往神聖之地的大門任何瞬間都會開啟，並把我們帶到那裡。即使是現在的這一個瞬間。

任何在寂靜中迎來的瞬間，都會顯露出潛藏在萬物之下的整體生命。

可以思索的問題

- 在日記的最後一個問題中，請描述當你心思夠沉靜時能夠進入的一個時刻。在這一刻，是什麼為你打開了大門？進入這一刻對你有何影響？你會如何描述這一刻帶給你的啟發？
- 在你與所愛之人的最後一個對話中，彼此互相傾聽，直到你們之間的狀態，像那片平靜無波，短暫露出的湖底水域一樣清澈。然後，一起透視事物的本質，再描述你所看到的。

5　萬物之愛

所以，我們已經走到這裡了，來到一場漫長談話結束的時刻，而這本書就是這段旅程的紀錄。一如既往，在這個介於感受與言語之間的靜謐邊緣，我擔心自己說得太多，也懷疑是否還說得不夠。事實上，我們發掘和探討的內容，我們聆聽和解開的問題，只不過映照出我們內在那道名為生命的火花。

唯一想說的是，七十多年過去了，我承認，即使在掙扎時，即使在失落時，我從未停止過熱愛世間萬物。這使我能夠真實地安住在生活中。一開始，我被教導要努力實現一些目標，隨著時間的流逝，這些對價值的渴望逐漸轉變成個人的抱負，但這些抱負最終都消失了。因為忠於對萬物的愛，並將這種愛視為老師，已經成為我永久的追求。

這份愛讓我在跌倒時站起來，並給了我力量進入內心的受傷之處，並在那裡找回了我的天賦。因此，我沒有太多可以教的，只能肯定地說，不帶偏見的無盡之愛會引領我們接觸生命的奧祕，而不需要脫離這個世界。沒有意圖，而且無止境的愛，將填滿每一個空間，就像光填滿每一個空隙一樣。所以，能教的東西很少。只需要知道，正是這份愛喚醒了一切。而關懷能消除我們之間不斷築起的牆。

致謝

感謝我的老師，包括我的父親Morris Nepo，文藝復興學者Hugh McClean、榮格學派教師Helen Luke、我的版畫老師Mary Brodbeck，以及我的同時代詩人Marge Piercy、Phil Levine和Naomi Shihab Nye。並向中國唐代詩人杜甫、偉大的智利詩人聶魯達、偉大的奧地利詩人里爾克、令人無法抗拒的華特．惠特曼和堅定的威廉．卡洛斯．威廉斯等人深深鞠躬。

我還要感謝我的經紀人Eve Atterman的深切關懷與活力，感謝James Munro和Fiona Baird，以及WME團隊多年來的投入。感謝我多年來一直信賴的第一位讀者Brooke Warner，感謝她的智慧和關懷。感謝我的出版商兼編輯Joel Fotinos，他是文學的燈塔。感謝我的公關人員Eileen Duhne，她為我搭建了通往世界的橋梁。感謝我的前經紀人Jennifer Rudolph Walsh，多年前她熱情地支持我進入這個領域。

感謝我親愛的朋友們，他們每個人都是他們自己生命中的老師。特別是George，Don，Paul，Skip，TC，David，Parker，Kurt，Pam，Patti，Karen，Paula，Ellen，Dave，Jill，Jacquelyn，Linda，Michelle，Rich，Carolyn，Henk，Elesa，Penny，Sally，and Joel。感謝Jamie Lee Curtis的仁慈力量。感謝Oprah Winfre相信生命是最偉大的老師。

感謝Paul Bowler教會我如何關心他人。感謝Robert Mason教我如何迎風歌唱。感謝我親愛的妻子蘇珊，她是一位偉大的心靈導師。

3 這句話出自威廉·巴特勒·葉慈（William Butler Yeats）的著名詩作〈二度降臨〉（The Second Coming），寫於一九一九年第一次世界大戰結束後、愛爾蘭獨立戰爭開始之際。

4真誠的課堂

1 William Blake, *The Portable Blake*, edited by Alfred Kazin. New York: Viking, 1946, p. 255.

7在一切之中

1 摘自阿瓦·庫特布丁（Arwa Qutbuddin）於二〇一九年十二月二十日在班加羅爾的 TEDx 講壇的演講，講題是〈親子離間〉（Unraveling Parental Alienation）。當阿瓦參加我在歐米茄機構（Omega Institute）教授的工作坊時，我有幸認識她。我鼓勵你聽聽她的演講。你會發現她是一個非常勇敢和敏感的靈魂，卻被她的孩子們驅逐了。請查看她的演講：https://www.youtube.com/watch?v=uXuPwo0ZeIM&feature=youtu.be.

第八章　心，仍然是我們的老師

1 Swami Prabhavananda, from *The Upanishads: Breath of the Eternal*, translated by Swami Prabhavananda and Frederick Manchester. Santa Barbara, CA: Vedanta Press, 1975.

1迎向更美好的生命

1 我在這裡引用了某些段落，最初出現在我首度探討這個概念的著作《優雅的風險》（*The Exquisite Risk*）的〈超越〉（Going Beyond）這一章中。New York: Harmony Books, 2005, p. 259.

2 From *The Secret Oral Teaching in Tibetan Buddhist Sects*, Alexandra David-Neel and Lama Yongden. San Francisco: City Lights Books, 1967, pp.74–76.

Penguin Classics, 1994.

2 Percy Bysshe Shelley, "A Defence of Poetry," in *Criticism: The Major Texts*, edited by W. J. Bates. New York: Harcourt, Brace, Jovanovich, 1970, p. 433. 我的著作《啜飲光之河》(*Drinking from the River of Light: The Life of Expression*)中的〈意外之言〉(The Unexpected Utterance)一章中也全文引用。Louisville, CO: Sounds True, 2019, p. 11.

4看或不看

1 出現在這裡的前五段，我最初是寫在我的著作《每一天的覺醒》一書中三月十七日的〈延燒的大戰〉條目裡，當時我首先講述了奧菲斯和尤麗狄絲悲慘但發人深省的故事。隨著我的了解不斷發展，我對這個主題進行了多年的探索。

6這裡與那裡

1 我多年來一直在探索這個主題。我的第一次省思發表在《每一天的覺醒》中，條目為七月四日的〈這裡和那裡〉。透過在我有幸召集的許多圈子中進行的多次對話，我對此的理解不斷成長和加深。

2 Seng Ts'an, from "The Mind of Absolute Trust" in *The Enlightened Heart*, edited by Stephen Mitchell. New York: Harper & Row, 1989, p. 27. 僧燦是中國七世紀的禪宗大師，以其超越二元性的教導而聞名。無論學生提出什麼問題，他都會對學生大喊：「是一不是二！」

第七章

1在此隨順

1 T'ao Ch'ien, from "Steady Rain, Drinking Alone" in *The Selected Poems of Tao Ch'ien* translated by David Hinton. Port Townsend, WA: Copper Canyon Press, 1993, p. 62.

2 Viktor Frankl, from "If Freedom is to Endure, Liberty Must be Joined with Responsibility" by Caleb Warnock, *Daily Herald* (Provo, UT), May 8, 2005, p. A1.

3刻寫板守護者

1 本章的歷史細節摘自維基百科上一則非常詳盡的圖書館史：https://en.wikipedia.org/wiki/History_of_libraries。

2 以關係為中心的關懷領域學者和先驅瑞奇．弗蘭可（Rich Frankel）指出：「書籍很寶貴，在中世紀時期是被鏈條鏈起來的。此外，書籍最初的書背上並沒有書名，而是將寫有文字的部分朝外在書架上陳列。

2 William Cowper, from "I was a Stricken Deer," in *The Soul Is Here for Its Own Joy*, edited by Robert Bly. New York: Ecco Press, 1995, p. 67.
3 A. Zuger, SH Miles. "Physicians, AIDS, and Occupational Risk: Historic Traditions and Ethical Obligations," *JAMA* 258, 1987, 1924–8.

6在患難中互助

1 From *Hiroshige: One Hundred Famous Views of Edo*. New York: George Braziller, 1986, plate Print shown from the Brooklyn Museum of Art.
2 From "Summary," in *Fully Empowered*, Pablo Neruda, translated by Alastair Reid. New York: Farrar, Straus & Giroux, 1975, p. 121.

7恢復信仰的本質

1 我感謝偉大的佛教導師塔拉・布萊克（Tara Brach）揭示這一點的深層意義。

第六章　生活的匆忙

1 from *Markings*, Dag Hammarskjöld. New York: Vintage, 2006, p. xxi.

2永恆的選擇題

1 Llewellyn Vaughan-Lee, from *A Handbook for Survivalists: Caring for the Earth*. Pt Reyes, CA: The Golden Sufi Center, 2020, p. 19.
2 由尚—保羅・沙特（Jean-Paul Sartre）創作的原創劇碼，一九四四年於法國首度發表。
3 From *All the Light We Cannot See*, Anthony Doerr. New York: Scribner, 2014, p. 269.
4 我花了十三年的時間，研究我們跨越歷史、不同文化而合作愉快時期的故事，在我關於社群的著作《在一起比獨自一人更重要》完成這個研究。New York: Atria Books, 2018.
5 Details are drawn from Carolyn Kyyhkynen Lee, "A Kumiai Project: Leadership and Social Influence in response to a Community Crisis," PhD diss., University of Southern Mississippi, 2007.
6 David Byrne，摘自一次採訪，被引用為「最佳詩歌百科」網站（Best Poems Encyclopedia）的每日引言。https://www.best-poems.net.

3頭腦是一種入口

1 D. H. Lawrence, from "New Heaven and Earth" in *The Complete Poems*. New York:

5 限制的弔詭

1 約翰・羅斯金（John Ruskin，1819~1900），藝術評論家和水彩畫家。

第五章 恢復我們靈魂的親族關係

1 From *The Religion of Man*, Rabindranath Tagore. Eastford, CT: Martino Fine Books, 2013.

1 為他人做事，為自己見證

1 Claude Lévi-Strauss, cited in *Practice of the Wild*, Gary Snyder. Berkeley, CA: Counterpoint, 1990, p. ix.

2 出自我的作品《道路下方的道路：真實相遇的地方》中的〈告訴我你已抵達〉（Tell Me You Have Come）。Louisville, CO: Sounds True Publishing, 2016, p. 89.

3 我們需要學習

1 摘自我的〈再次出土〉（Unearthed Again）一詩，這首詩最初出現在我的《道路下方的道路：真實相遇的地方》詩集中。Louisville, CO: Sounds True Publishing, 2016, p. 17.

2 embarazar 最常見的定義是「懷孕」。

4 超脫名稱的表象

1 我第一次探討這個概念是在我的著作《無盡的修練》（*The Endless Practice*）中的〈一個真實的世界〉（The One True World）這一章。New York: Atria Books, 2014, p. 286.

2 我們進行的採訪錄音記錄在阿史頓・古斯塔夫森（Ashton Gustafson）稱為《善、真與美》的 podcast 中。可以在以下網址聽到這一集（#437, Sept 6, 2019）：https://www.podomatic.com/podcasts/ashtongustafson/episodes/2019–09–06T07_01_48–07_00。

3 William Blake, from "Auguries of Innocence" in *William Blake: The Complete Illuminated Books*, edited by David Bindman. London: Thames & Hudson, 2001.

5 迷途與回歸

1 Aldous Huxley, from "Preface," in *The First and Last Freedom*, Krishnamurti. San Francisco: Harper San-Francisco, 1954, p. 17.

2 from "Leonard Cohen's Holy and Broken Hallelujah" by Alisa Ungar-Sargon, from the journal *Image*, September 19, 2018, https://imagejournal.org/2018/09/19/leonard-cohens-holy-and-broken-hallelujah/.

6心靈任務

1 Tomas Tranströmer, from *The Sun*, Issue 517, January 2019, p. 48.

第四章　千針編織至黎明

1 Albert Schweitzer, from *The Sun*, Issue 529, January 2020, p. 48.

2先知的主權

1 Martin Buber, *I and Thou*. New York: Scribner Classics, 2000.
2 Confucius, *The Analects*. New York: Penguin Classics, 1998.
3 Friedrich Nietzsche, *Beyond Good and Evil*. New York: Vintage Books, 1989.
4 E. E. Schattschneider, *In Search of a Government*. New York: Holt, Rinehart, and Winston, 1969.

3成熟的慈悲

1 麥可・梅吉亞（Michael Mejia）是我的學生，住在南加州。在過去的十年裡，我見證了麥可如此真實地成長為他自己。他擁有宛如年輕的當代版魯米的風采。他誠實和深刻的存在，證實了我們的人性和精神是如何結合在一起的。請看他的影片："The Humanizing (a story of coming out)," https://www.youtube.com/watch?v=cE-YYX3d5fw&feature=youtu.be。
2 Percy Bysshe Shelley (1792–1822), from "Queen Mab" cited in Adrienne Rich's *Poetry & Commitment*. New York: Norton & Co., 2007, p. 7.
3 Henri Nouwen, from *The Sun*, Issue 498, June 2017, p. 48.
4 From *The Journey from Knowing about Community to Knowing Community*, Sally Z. Hare, March 2005, p. 30.

4內在的傷檢分類

1 Aurelia Clunie, from "Surgery . . . A Violent Profession," Hartford Stage, https://www.hartfordstage.org/stagenotes/ether-dome/history-of-surgery.

3　出自我的詩集《天使的半生》（*The Half-Life of Angels*）。

4　出自我的詩集《道路下方的道路：真實相遇的地方》。Louisville, CO: Sounds True Publishing, 2016, p. 290.

6基進：追求並回歸事物的內在本質

1　Abraham Heschel, from *Man Is Not Alone*. NY: Farrar, Straus & Giroux, 1951, p. 11.

2　W. B. Yeats, from "A Prayer for My Daughter" in *The Poems of W.B. Yeats*, edited by Richard J. Finneran. NY: Macmillan, 1983, p. 188.

3　我很感恩有機會與約翰・保羅（John Paul）進行的多次交談，請參閱兩本他的著作：*The Moral Imagination* 和 *The Journey Toward Reconciliation*。

4　From Professor Dave Edwards, a Cherokee descendant, in the Eiteljorg Native American Museum, Indianapolis, Indiana.

5　From *Prayer of the Cosmos: Meditations on the Aramaic Words of Jesus*, translated by Neil Douglas-Klotz. CA: HarperSanFrancisco, 1990, p. 66.

第三章　從受傷到溫柔

1　T'ao Ch'ien, from "Drinking Wine" in *The Selected Poems of Tao Ch'ien*, translated by David Hinton. Port Townsend, WA: Copper Canyon Press, 1993, p. 51.

3不苦中的苦

1　Robert Mason, from his book in manuscript, *Field Guide*, p. 27 Permission of the author.

4破碎的哈利路亞

1　以下依序是二〇一六年六月十一日在加拿大多倫多與一千五百個靈魂一起演唱的洛福斯・溫萊特（Rufus Wainwright）版本的〈哈利路亞〉的連結，二〇一一年十月十一日李歐納・柯恩（Leonard Cohen）獲得西班牙阿斯圖里亞斯親王獎的獲獎感言連結，以及李歐納・柯恩中年時期演唱〈哈利路亞〉的現場片段：
Choir! Choir! Choir! Epic! Nights: Rufus Wainwright + 1500 Singers sing HALLELUJAH!: https://www.youtube.com/watch?time_continue=17&v=AGRfJ6-qkr4&feature=emb_logo.
Leonard Cohen's Prince of Asturias Speech (video and transcript): https://americanrhetoric.com/speeches/leonardcohenhowigotmysong.htm.
Leonard Cohen Hallelujah (live excerpt): https://www.youtube.com/watch?time_continue=13&v=kzWeN-bVDUc&feature=emb_title.

第二章
1 一根蠟燭可以點燃很多蠟燭

1 出自日文《佛陀聖典》（*The Teaching of Buddha*）中《四十二章經》第十節的釋義。

2 From "Marie Curie's Contributions to Radiology During World War I" by A. R. Coppes-Zantinga and M. J. Coppes in *Medical Pediatric Oncology*, Issue 31, 1998, pp. 541–543.

2 從所知中成長

1 在《不看陌生人》（*See No Stranger*）中，多才多藝的薇拉瑞．考爾（Valarie Kaur）創作了一本最具恢復力的書，它援引古老的真理，如果我們能夠安住於我們最重要的天賦——愛——之中，此書便能作為我們緊張、極化之現代世界的補救。她充滿愛的聲音，其智慧遠遠超過她的年齡。

2 Valarie Kaur, from *See No Stranger*. New York: One World Books, 2020, p. 10.

3 你不能只用一隻翅膀飛翔

1 Elbert Hubbard, from *The Sun*, Issue 534, June 2020, p. 48.

2 錫耶納的凱瑟琳（Catherine of Siena）的故事摘自《密契經驗的種種》（*Varieties of Mystical Experience*），edited by Elmer O'Brien. New York: New American Library, 1965, p. 149.

3 William Stafford, from "A Ritual to Read to Each Other" in *The Way It Is: New & Selected Poems*. St. Paul, MN: Graywolf Press, 1998, p. 75.

4 Translation by Dorothy Sayers, cited in Helen Luke's *Dark Wood to White Rose: The Journey and Transformation in Dante's Divine Comedy*. New York: Morning Light Press, 1993, p. 4. 本書對但丁史詩的探究，是我讀過最具變革性的一本書。

4 關於真我

1 與阿史頓．古斯塔夫森（Ashton Gustafson）在他的《善、真與美》（Good, True, and Beautiful）podcast 中進行了一場關於真實自我的精采對話後，引發我將自己對這個主題的想法收集起來的興趣。阿史頓是個老靈魂，他深入研究所有古老的角落，並把他的發現帶到我們的現代生活中以供應用。https://ashtongustafson.com/ltmppodcast.

2 接下來的四段最初出現在我的著作《穿越時光的漫漫長路》（*The Long Walk Through Time*）的導言〈光的管家〉（Stewards of Light）中。

一起比獨自一人更重要》中的〈我們的整體〉（Our Global Body）。New York: Atria Books, 2018, p. 254. 有關暴力的最新統計數據來自“Homicides” by Max Roser and Hannah Ritchie, *World Data*, December 2019, and “One person dies every forty seconds from suicide” by Katie Hunt, *CNN*, Sept 9, 2019。

6 資料來自維基百科：https://en.wikipedia.org/wiki/George_Floyd。

7 *The ReidOut* with Joy Reid on MSNBC, September 23, 2020.

3風暴的本質與成因

1 馬紹納・迪利瓦歐（Matthona Dhliwayo）是一位出生於辛巴威的加拿大哲學家。他有許多著作，包括《拉利貝拉的智者》（*Lalibela's Wise Man*）。

2 〈對抗工具〉（Fighting the Instrument）收錄在我的詩集《道路下方的道路：真實相遇的地方》（*The Way Under the Way: The Place of True Meeting*）。Louisville, CO: Sounds True Publishing, 2016, p. 14.

3 詳細資訊取自維基百科上的一篇精采文章：https://en.wikipedia.org/wiki/Storm。

4 史上最致命的兩場風暴是加爾維斯頓颶風（一九〇〇年），造成近一萬兩千人死亡，以及一七六九年義大利布雷西亞納澤爾教堂的雷擊事件，閃電點燃了二十萬七千磅的火藥，摧毀了這座城市的六分之一，導致三千位居民死亡。

5 Tempestarii 引用了 JSkookum 的概念：https://www.reddit.com/r/mythology/comments/95xnlp /legendary_storms/。

4仁慈的目的

1 Details are from *Astrophysics for People in a Hurry*. New York: Norton, 2017, pp. 25–26, 30.

2 “Marriott Criticized After Ship Leaves Tourists Behind in Caribbean Because They Weren't Guests of the Hotel,” Stephanie Petit, *People* magazine, September 13, 2017, http://people.com/human-interest/marriott-ship-leaves-tourists-behind-in-caribbean-because-they-werent-hotel-guests/.

3 有關航班和雷達圖像的詳細資訊摘自 *Miami Herald* 的付費文章：September 6, 2017, http:// www.miamiherald.com/news/nation-world/world/article171577632.html。

4 作者是馬丁・尼莫勒（Martin Niemöller）。這個故事和這首詩最初在我的著作《在一起比獨自一人更重要》中引用過。New York: Atria Books, 2018, p. 82.

第二部　找到力量

1 Abraham Heschel, from *The Earth Is the Lord's: The Inner World of the Jew in Eastern Europe*. NY: Jewish Lights, 1995, pp. 7–10.

2 Marie Curie, from the journal *The Sun*, Issue 532, April 2020, p. 48.

全書註釋

編按：
未註明出處的引言與詩作均出自作者本人。
條目中列出的書名、篇章名皆為暫譯。

引言

1 亞伯拉罕．赫舍爾（Abraham Heschel）在過世前十天接受 NBC 採訪的錄音，摘自他的選集《我呼求奇蹟》（*I Asked for Wonder: A Spiritual Anthology*），edited by Samuel H. Dresner. Pearl River, NY: Crossroads Books, 1999, p. viii。

第一章
1舊世界已經過去了

1 想深入探討安息日，可參閱由 Wayne Muller 撰寫的當代經典著作《安息日》（*Sabbath*），New York: Random House, 2000。

2 這首詩首度出現在我的作品《在奇蹟之中：熬過痛苦，趨於完整》（*Inside the Miracle: Enduring Suffering, Approaching Wholeness*）。Louisville, CO: Sounds True, 2015, p. 217.

2折射的社會

1 我第一次探討我們的異化史，是在我的作品《在一起比獨自一人更重要》（*More Together Than Alone*）中的〈盲目的旅人〉（Blind Travelers）這一章。New York: Atria Books, 2018, p. 173.

2 「異化」從馬克思（Karl Marx）寫的《一八四四年經濟學與哲學手稿》（*Economic and Philosophical Manuscripts*）開始，就是貫穿其著作的一項主題。

3 十九世紀末和二十世紀初的許多社會學家都擔心馬克思所指出之現代化的異化效應。德國社會學家齊美爾（Georg Simmel，1858~1918）和圖尼斯（Ferdinand Tönnies，1855~1936）撰寫了有關個性化和城市化的重要著作。齊美爾的《金錢哲學》（*Philosophie des Geldes*）探討人際關係如何透過金錢變得越來越淡薄，而圖尼斯的《社區與社會》（*Gemeinschaft und Gesellschaft*）描述家庭等主要人際關係的失落，轉而支持以目標為導向的人際關係。

4 我第一次對電視的真人實境秀文化進行探討，是在《在一起比獨自一人更重要》的〈活在恐懼與稀缺中〉（Living in Fear and Scarcity）。New York: Atria Books, 2018, p. 66.

5 Geneva: World Health Organization, 2002, p. 8. 以下四段最初出現在我的作品《在

心靈任務

找回挺過風暴，修復心靈力量

Surviving Storms: Finding the Strength to Meet Adversity

作　　者　馬克・尼波（Mark Nepo）
譯　　者　林麗雪

副 社 長　陳瀅如
責任編輯　翁淑靜
特約編輯　沈如瑩
封面設計　Javick Studio
內頁排版　洪素貞
行銷企劃　陳雅雯、張詠晶

出　　版　木馬文化事業股份有限公司
發　　行　遠足文化事業股份有限公司（讀書共和國出版集團）
231新北市新店區民權路108-4號8樓
電　　話　（02）22181417
傳　　真　（02）86671065
電子信箱　service@bookrep.com.tw
郵撥帳號　19588272木馬文化事業股份有限公司
客服專線　0800-221-029
法律顧問　華洋法律事務所 蘇文生律師
印　　刷　呈靖彩藝有限公司
初　　版　2024年9月

定　　價　500元
I S B N　978-626-314-706-5（平裝）
978-626-314-704-1（EPUB）

心靈任務：找回挺過風暴，修復心靈力量 / 馬克 . 尼波 (Mark Nepo) 著；林麗雪譯 . -- 初版 . -- 新北市：木馬文化事業股份有限公司出版：遠足文化事業股份有限公司發行, 2024.09
面；　公分
譯　自：Surviving storms : finding the strength to meet adversity
ISBN 978-626-314-706-5(平裝)

1.CST: 靈修 2.CST: 自我實現 3.CST: 生活指導

192.1　　113009445